ВЕЖА

ВІРНА

MÊME LA NEIGE ÉTAIT ORANGE

La révolution ukrainienne

Du même auteur
Bernard Kouchner, la biographie, Bayard 2002

Alain Guillemoles

MÊME LA NEIGE ÉTAIT ORANGE

La révolution ukrainienne

essai

{ LES Petits matins }

Photographies **Cyril Horiszny**

146, bd de Charonne 75020 Paris
ISBN 2-915879-02-8
Diffusion CED

Pour Marianne, révolutionnaire-née

600km
RUSSIE
BELARUS
POLOGNE
Don
KIEV
Kharkiv
Lviv
UKRAINE
Poltava
SLOV.
Dniester
Dniepr
Donbass
Dniepropetrovsk
Donetsk
HON.
Zaporojie
MOLDAVIE
Mykolaiv
Marioupol
Odessa
ROUMANIE
MER D'AZOV
Crimée
Simferopol
Sébastopol
Yalta
Danube
BULGARIE
MER NOIRE

« Le ciel est orange, la mer est orange,
les arbres sont orange, et les mamans orange
chantent à leur bébé orange des chansons orange. »

Comptine soviétique à la mode dans les années 1970,
et qui fut reprise par les manifestants ukrainiens.

Précisions sur l'orthographe des noms

Nous avons conservé le nom de Kiev tel qu'il est d'usage en français, plutôt que d'utiliser la nouvelle transcription de l'ukrainien, Kyïv, pourtant plus appropriée. En revanche, pour toutes les villes moins connues, nous avons adopté les noms ukrainiens, dont l'usage est revenu depuis 1991 : Lviv, Ivano-Frankivsk, Ternopil, Mykolaiv. Par ailleurs, pour tous les noms propres, on a conservé la transcription française, qui préfère le « g », le « ch » et le « ouk » là où les Anglo-Saxons mettent plutôt un « h », un « sh » ou un « uk ». Dans la presse anglaise ou américaine, la *grivna* devient *hryvna* et Viktor Pintchouk s'appelle Viktor Pinchuk. Il s'agit bien, cependant, de la même monnaie et du même personnage.

Introduction

En trois tours de scrutin et dix-sept jours de manifestation pacifique sous la neige, les Ukrainiens sont parvenus à se libérer d'un régime semi-totalitaire, à infliger un camouflet à Vladimir Poutine et à redessiner les limites de l'Europe. Sacrée performance. Surtout si l'on se souvient de ce qu'était l'Ukraine avant la révolution orange. Ex-république de l'URSS forte de 48 millions d'habitants, devenue indépendante en 1991, l'Ukraine, durant une décennie, est restée engluée dans son passé soviétique. La population, pour l'essentiel, était frappée d'apathie politique. La jeune génération cultivait l'individualisme. L'économie était ruinée, tributaire de grands combinats en quasi-faillite. L'actualité était rythmée par les assassinats commandités et les détournements de fonds. Le pays avait mauvaise réputation en Occident : c'était la patrie de Tchernobyl et des mafias.

Il fallait avoir le goût de l'exploration pour se rendre en Ukraine au début des années 1990, comme je l'ai fait un peu par hasard, au prétexte d'un reportage. Je m'y suis ensuite fixé durant deux ans comme correspondant de la presse française, en 1995 et 1996, profitant de l'élan de curiosité pour ces nouveaux territoires. Cet élan, cependant, n'a pas duré : les réformes se faisaient attendre.

C'est que l'Ukraine était mal née. Issue de l'implosion de l'URSS, elle ne semblait pas pouvoir s'en sortir toute seule. Beaucoup, à l'époque, percevaient ce pays comme une sorte de « croupion » de la Russie, dont il se serait séparé sous l'effet d'une querelle de famille, mais vers laquelle il était destiné à retourner. Pays longtemps dominé, l'Ukraine cumulait toutes les fragilités des sociétés post-coloniales. Corruption des élites, frontières incertaines, fuite des cerveaux, économie désorganisée et mal préparée à l'autosubsistance dans les secteurs essentiels… L'Ukraine connaissait les mêmes problèmes que l'Afrique de la décolonisation. Le premier de ces problèmes était, et demeure encore, son identité fragile. Il suffit de prendre le train pour s'en rendre compte. L'Ukraine reste divisée entre une partie occidentale à la mentalité très européenne et des régions orientales très soviétiques.

Vers l'est, on trouve de grandes villes industrielles où les cités ouvrières jouxtent de vieilles usines du complexe militaro-industriel. Ici, on parle plutôt le russe et, si l'on fréquente l'Église, c'est celle, orthodoxe, du patriarcat de Moscou. Vers l'ouest, l'urbanisme est différent : Lviv, Ternopil, Ivano-Frankivsk ont plutôt l'allure de cités centre-européennes, avec leurs rues pavées, leurs petites places traversées de tramways bringuebalants et leurs cafés. Le dimanche, on y visite plus volontiers l'église grecque-catholique et l'on n'emploie, au quotidien, que l'ukrainien, langue plus proche du polonais que du russe. De cette différence naissent deux visions de l'avenir politique du pays. Les Ukrainiens de l'Est regardent encore largement vers Moscou tandis que ceux de l'Ouest se sentent européens.

Cette différence vient de la géographie. Elle vient aussi de l'histoire. Les régions occidentales de Galicie et de Volhynie n'ont été soviétiques que durant quarante-cinq ans. Ayant appartenu à l'Empire austro-hongrois, puis à la Pologne, elles n'ont été incluses dans l'Ukraine qu'au lendemain de la Seconde Guerre mondiale. La Bessarabie, elle, fut reprise à la Roumanie après 1945. Et la Transcarpatie était tchécoslovaque avant la guerre. L'Est, au contraire, fut beaucoup plus russifié. Les élites ukrainiennes ont été pourchassées plus tôt. Les campagnes ont souffert de la famine artificielle de 1933, provoquée par le régime communiste pour décimer la paysannerie. Quatre à sept millions d'Ukrainiens en sont morts. Puis Staline a fait venir à leur place des millions de Russes en industrialisant la région.

L'Ukraine, posée sur la ligne de fracture entre l'Europe et l'Asie, semblait donc éternellement vouée à vivre dans cette tension entre l'Est et l'Ouest, qui la contraignait à l'immobilité et aux querelles internes. Au début des années 2000, un tournant s'est pourtant produit avec le redémarrage de la croissance. La vie quotidienne a commencé à s'améliorer pour les Ukrainiens. Dans la même période, ils ont vu l'Europe s'élargir jusqu'à leur frontière. Mais ils ont compris qu'ils risquaient d'en être définitivement exclus lorsque des visas sont devenus nécessaires pour se rendre en Pologne. Au même moment, ils ont vu, en Russie, se construire un régime de plus en plus centralisé et autoritaire sous la direction de Vladimir Poutine. Et ils ont réalisé qu'il serait difficile, dans l'avenir, de résister aux appels pressants de Moscou à rejoindre une nouvelle Union. D'autant que le pouvoir en place en Ukraine dérivait lui aussi vers des pratiques de plus en plus dictatoriales.

C'est dans ce contexte que sont intervenus l'élection présidentielle de novembre 2004 et l'enchaînement de faits qui ont déclenché la révolution. Il n'était pas dit, au départ, que ce mouvement allait réussir. Il s'en est même fallu de peu qu'il ne bascule dans la violence. Une guerre civile à côté de laquelle le conflit bosniaque aurait semblé une bagarre de quartier aurait pu survenir. En 1993, déjà, un rapport de la CIA prédisait que la troisième guerre mondiale pourrait commencer en Ukraine. Il est vrai qu'à l'époque le pays possédait des armes nucléaires. Il les a transférées, depuis, à la Russie. Mais l'Ukraine abrite quantité d'usines d'armements de toutes sortes, héritées du complexe militaro-industriel soviétique. Elle possède aussi une grande réputation dans le mercenariat et une solide tradition de partisans et de rébellions armées. L'Armée insurrectionnelle ukrainienne, dans l'ouest du pays, a poursuivi le combat jusqu'au milieu des années 1950.

C'est donc sur l'enchaînement des événements de la révolution orange que l'on a voulu revenir en détail. Ayant eu l'occasion de connaître depuis plusieurs années un certain nombre des acteurs de ce mouvement, j'ai pu y assister, pour partie, de l'intérieur. Il m'a semblé utile de raconter les choses telles que je les ai vues. Pour donner quelques clefs à ceux qui ont découvert l'Ukraine à l'occasion de la révolution orange. Pour tenter de comprendre, aussi, comment les faits se sont réellement passés. Un doute, en particulier, s'est rapidement insinué. On a parlé de révolution « manipulée ». On a noté la présence de fonds américains importants dans le financement d'une grande quantité d'organisations non gouvernementales actives sur le terrain politique. On a relevé la similitude du scénario de la révolution orange avec celui des révolutions serbe, quatre ans plus tôt, et géorgienne, en 2003. Tout cela ne sentait-il pas un peu trop le coup monté ? N'en déplaise aux amateurs de complots, ce n'est pas tout à fait ce que j'ai constaté. Certes, l'Ukraine est bien l'un des derniers terrains d'affrontement géostratégique Est-Ouest. La Russie comme les États-Unis n'ont pas attendu le début de la révolution pour tenter d'influencer le cours des choses en Ukraine. Chacun a mis dans la balance le maximum de ses moyens, rappelant les conflits du bon vieux temps de la guerre froide.

Cependant, la clé des événements ukrainiens était bien en Ukraine. Et c'est peut-être cela, la vraie nouveauté. La révolution fut préparée, planifiée, voulue par une toute petite fraction de la population, consciente qu'il n'y aurait pas de changement de régime sans une épreuve de force. Elle fut suivie, au-delà des prévisions de ses initiateurs, par une vaste partie des Ukrainiens. Après une décennie de gestation, cette révolution a accouché d'un nouveau pays européen. Ces événements, fonctionnant comme un accélérateur, ont réuni une majorité d'habitants autour d'un projet commun : rompre avec la Russie, s'orienter vers l'Ouest, construire un État de droit, indépendant et démocratique.

Sur le moment, certains se sont demandé si la « révolution » en était vraiment une. De fait, elle n'a pas connu d'épisode symbolique comme la prise du

Parlement en Géorgie ou en Serbie. Les gens qui sont arrivés au pouvoir avec elle sont pour beaucoup ceux qui y étaient il y a deux ans. Mais l'essentiel n'est pas là. L'essentiel est que ce *printemps ukrainien* survenu en plein hiver a tranché, pour un bon moment, le vieux dilemme des Ukrainiens. Entre l'Est et l'Ouest, ils ont choisi l'Occident. Du moins une majorité d'entre eux se sont-ils prononcés en ce sens. Ainsi, la révolution orange constitue surtout la vraie naissance de l'Ukraine indépendante. Plus de dix ans après la séparation juridique d'avec la Russie, elle en a été la séparation politique. À l'heure où l'on écrit ces lignes, il est encore trop tôt pour dire si le nouveau pouvoir réussira son pari, celui d'amener l'Ukraine vers des standards européens, qui lui ouvriront la porte de l'Union européenne. Mais voici, en tout cas, comment s'est déroulée cette deuxième naissance, telle qu'on l'a vue. Avec le recul, on se dit qu'elle comporte tous les éléments d'un film hollywoodien : les scènes de rues et le choc des ambitions, les tractations secrètes et les affaires de poison. Mais là, il s'agit d'une histoire vraie.

У БАНДИТІВ!

I
Les aigles du Président

La révolution, qui n'était pas encore appelée « orange », a commencé le dimanche 21 novembre 2004 au soir, lorsque les Ukrainiens sont descendus dans la rue pour protester contre les fraudes électorales. À Kiev, la foule a convergé vers la « Maïdan Nezalejnosti », la place de l'Indépendance. En plein centre de la ville, c'est un vaste espace parsemé de fontaines arrêtées durant les mois d'hiver. En temps ordinaire, la foule y est dense. Les jeunes s'y retrouvent dans les passages souterrains pour chanter autour d'une guitare et de quelques bières, en faisant la manche. Les camelots y vendent toutes sortes de souvenirs.

Durement bombardé par les Allemands en 1941, au premier jour de la déclaration de guerre, Kiev fut quasiment détruit durant la Seconde Guerre mondiale. Le centre a été reconstruit dans un style stalinien, grandiloquent et froid. Les travaux effectués après 1991 n'ont pas vraiment arrangé la place de l'Indépendance. Un centre commercial a été creusé dans le sous-sol. Une pompeuse colonne a été érigée, portant une statue bariolée très kitch, entourée de dorures. Le tout est sans harmonie. À l'image de ce qu'est l'Ukraine aujourd'hui, où les symboles clinquants des temps nouveaux se télescopent avec les restes de l'ordre ancien. Sur cette place se déroule tous les ans la fête de l'Indépendance, à la fin de l'été. Elle commémore le jour du vote, par le Parlement ukrainien, de la déclaration de souveraineté, le 24 août 1991. Dans les années 1990, quelques chanteuses du Top 50 ukrainien venaient faire danser la foule. Tout était fini avant minuit. Les nettoyeuses municipales chassaient rapidement les derniers soûlards. C'était un peu triste et convenu. Quinze ans auparavant, cette esplanade avait le nom de place de la Révolution-d'Octobre. Elle accueillait déjà tous les rassemblements. On y voyait les défilés du 1er Mai.

La place de l'Indépendance est naturellement devenue le centre de la protestation au moment de l'élection présidentielle. Des dizaines de milliers de personnes, drapeaux orange à la main, s'y relayaient jour et nuit malgré le froid glacial et la menace d'une intervention armée. Ils ont changé la physionomie de cette place pour en faire un forum démocratique, un théâtre où l'on inventait un avenir nouveau. Ils ont fait mentir la réputation d'une population indifférente à son sort, soumise, démoralisée, revenue de toutes les illusions.

Le mouvement a surpris par son ampleur. Pourtant, l'orage grondait depuis longtemps. Une répétition générale avait même eu lieu trois ans auparavant, au même endroit. Déjà, alors, un village de tentes, bien plus petit, s'était installé sur la place durant plusieurs semaines. Des manifestations avaient sillonné la capitale pour demander la démission du Président Léonid Koutchma. Cette protestation avait commencé après le meurtre d'un journaliste, Gueorgui Gongadze. C'est pourquoi il est nécessaire de commencer ce récit en 2001, vrai début de la révolution. À l'époque, celui que ses amis surnomment Guïa est un beau garçon, insolent et drôle, têtu et envahissant, connaissant la moitié de Kiev. Il publie des chroniques pleines de fièvre, court après de multiples projets et autant de femmes. Il rêve de reconstruire une Ukraine indépendante et n'a de cesse de dénoncer les turpitudes du régime. Il a trente et un ans. Il est père de deux petites filles, des jumelles qu'il baptise « mes stéréotypes ». Fils d'un cinéaste géorgien et d'une femme médecin de Lviv, dans l'Ouest de l'Ukraine, Guïa est entré en journalisme pour couvrir la guerre en Abkhazie au début des années 1990. Il a été blessé au bras en filmant les combats. Puis, travaillant à la télévision ukrainienne et dans une radio indépendante, il a choisi de créer, au début de l'année 2000, son site d'information sur Internet, *Ukraïnska Pravda*, où il raconte l'affairisme des proches du Président.

C'est le moment où Léonid Koutchma entame son second mandat à la tête du pays. Jusque-là, le Président est parvenu à jouer habilement des oppositions entre forces politiques pour survivre à toutes les crises. L'Ouest de l'Ukraine est farouchement nationaliste. L'Est a la nostalgie de l'époque soviétique. Léonid Koutchma se drape dans le costume de père de la nation, mais s'efforce de ne jamais choisir, n'ayant d'autre projet que de durer. Ex-dirigeant de la plus grosse usine militaire du pays, il fait partie de ces dirigeants communistes qui ont compris, en 1991, que le vent tournait. Ils se sont rapidement convertis au libéralisme et ont soutenu l'indépendance ukrainienne pour conserver leur position à la tête du pays. Mais, au fond, ils n'ont pas beaucoup changé. Ils sont toujours habités par une culture autoritaire et un esprit de clan.

Koutchma n'a pas beaucoup de charisme. La mine austère, l'élocution terne, il traîne un air de petit garçon pris en faute. Mais il est en même temps rusé et cynique. Il tire toute sa force de son habileté à glisser entre les doigts de ses interlocuteurs. Devenu Président, il donne à la fois des gages aux nationalistes de l'Ouest de l'Ukraine et aux russophones de l'Est. En politique étrangère, c'est pareil. Il est capable à la fois d'affirmer aux Occidentaux qu'ils sont ses « alliés inconditionnels » et aux Russes qu'ils sont des « partenaires stratégiques ». Comme un camelot qui vend le même produit à plusieurs acheteurs à la fois... mais ne le donne finalement à personne. Car, au fond, il ne fait rien. Ou le moins possible. Il emploie son énergie à rester en place, à gagner du temps. Il se préoccupe de placer les siens, venus de Dniepropetrovsk, comme lui, à tous les postes-clés du pouvoir. Il favorise les intérêts d'une poignée d'oligarques dont il est proche. Ceux-ci se sont emparés à bas prix des entreprises les plus rentables du pays. Ils bénéficient d'exemptions d'impôts. Ils se font construire de belles datchas aux environs de Kiev et ont des comptes en devises bien garnis à Chypre ou au Luxembourg. L'un, Viktor Pintchouk, est même entré dans la famille Koutchma en épousant la fille du Président. Milliardaire, il possède à Dniepropetrovsk la plus grande usine d'éléments de gazoducs et d'oléoducs, ainsi que toute la métallurgie de cette grosse ville industrielle. Il a construit un empire qui s'étend au téléphone mobile et aux médias. Il a mis la main sur trois chaînes de télévision nationales et plusieurs chaînes locales, ainsi que sur un quotidien populaire.

Ces oligarques ne cessent de s'enrichir en affermant des pans entiers de l'économie. Ils rachètent tout, depuis les clubs de football jusqu'aux journaux, en passant par les biscuiteries et les hôtels. Lorsque des entreprises leur résistent, ils obtiennent l'appui des tribunaux et des services fiscaux pour les étouffer sous des amendes et les contraindre à vendre à bas prix la majorité des parts. Ceux qui ont créé leur affaire se retrouvent spoliés. S'ils se rebiffent, ils peuvent être mis en prison pour un motif fabriqué de toutes pièces, voire être assassinés. Sinon, ils peuvent rester directeurs, à condition d'accepter d'entrer dans l'une de ces grandes familles qui se partagent l'économie du pays comme s'il s'agissait d'un gros gâteau.

L'Ukraine de la fin des années 1990 fonctionne ainsi. Ce n'est pas une dictature, c'est un régime corrompu, acheté, où le bras de l'État est au service d'intérêts privés. Des îlots entiers de la société échappent au contrôle de l'administration. Il existe quelques médias libres, une société civile qui s'active. Chacun peut faire ce qu'il veut tant qu'il ne met pas en danger les intérêts du pouvoir. S'il le fait, il s'expose à des tracasseries administratives. Voire à une punition plus sévère. Et c'est bien ce qui arrive à Gueorgui Gongadze.

Le journaliste fait partie de cette fine élite kiévienne qui n'est pas dupe de la réalité du régime. Surtout, il a ce goût des grandes croisades et des défis lancés à la face des puissants. Ce n'est pas pour rien qu'il choisit pour emblème la silhouette de Don Quichotte, avec un sens certain de l'autodérision. Les sites d'information en sont à leurs débuts en Ukraine. Peu chers à créer, faciles à alimenter et à consulter, ils sont un espace de liberté. Gueorgui Gongadze développe donc son site. Il y dépeint sans prendre de gants les sombres affaires qui sont la réalité quotidienne du pouvoir. *Ukraïnska Pravda* n'a que quelques centaines de lecteurs réguliers. Mais cela suffit pour déranger. En septembre 2000, le Don Quichotte ukrainien se plaint d'être suivi par une voiture dont le numéro d'immatriculation correspond à un véhicule du ministère de l'Intérieur. Le 16 septembre au soir, il disparaît au bas d'une cage d'escalier, au centre de Kiev. Quelques semaines plus tard, son corps est trouvé décapité, partiellement brûlé à l'acide, à demi enterré dans une forêt des environs de la capitale. C'est grâce à son ancienne blessure au bras et à des analyses ADN qu'il est identifié. Mais l'affaire prend un tour véritablement politique lorsque le leader des socialistes, Alexandre Moroz, l'un des chefs de l'opposition, rend publics le 28 novembre 2000 des enregistrements qui impliquent le Président dans cet assassinat.

L'histoire de ces enregistrements est digne d'un roman d'espionnage. Un membre de la sécurité du Président, Mykola Melnitchenko, les aurait réalisés durant un an. Ce militaire zélé, ancien membre de la garde de Gorbatchev, affirme avoir agi de son propre chef, « par patriotisme », pour dénoncer les « crimes insupportables » auxquels il s'est trouvé contraint d'assister. Désormais en fuite, il se cache à Prague, où les députés de l'opposition ont recueilli son témoignage. Il dit détenir plus de mille heures de bandes qu'il distille à Radio Liberté, la station américaine créée au temps de la guerre froide. La révélation de ces enregistrements crée un choc. Les passages diffusés donnent à entendre un Président qui s'exprime dans un argot de bandit, agissant en chef de clan, gérant dans le secret de son bureau quantité d'affaires privées.

Jusque-là, Léonid Koutchma passait pour un dirigeant immobiliste mais inoffensif. Dans l'extrait diffusé par Alexandre Moroz, on entend le Président demander explicitement à ce qu'on le débarrasse du journaliste et de deux personnalités politiques. À propos de Gueorgui Gongadze, il demande « qui le finance ». Puis propose qu'on l'amène en Géorgie et qu'on le « livre aux Tchétchènes ». Cela pourrait n'être qu'une plaisanterie d'un humour particulier... Mais, à un autre moment, Léonid Koutchma discute avec le ministre de l'Intérieur, Iouri Kravtchenko, de « méthodes alternatives »... Ainsi, le 10 juillet 2000, se tient cet échange sans équivoque*. Léonid Koutchma demande :

— Avez-vous trouvé ce Géorgien ?

— Nous y travaillons, répond Iouri Kravtchenko.

— Je vous l'ai dit, conduisez-le dehors, donnez-le aux Tchétchènes, et ensuite, une rançon.

— Nous réfléchissons. Nous le ferons de telle façon que...

— Emmenez-le, déshabillez-le, le salopard, laissez-le sans pantalon, assis là.

— Aujourd'hui, j'ai reçu des informations. Nous savons tout, où il va, ce qu'il fait. Il est en ce moment en vacances. Il faut en apprendre un peu plus. Nous

---

* Publié dans *Beheaded, the killing of a journalist*, JV Koshiv, Artemia press, 2003.

avons une équipe, de vrais aigles, ils feront ce que vous voulez.

Qui se cache derrière ces enregistrements ? Qui distille ainsi un poison à effet lent dans la vie publique ukrainienne ? Il est difficile en effet d'imaginer que Melnitchenko a agi tout seul, comme il le prétend. Il existe à ce sujet quantité d'hypothèses. Les unes évoquent la CIA, d'autres les services secrets russes, d'autres encore mettent en cause tel ou tel responsable de l'opposition. Un épais brouillard règne encore aujourd'hui autour de cette affaire. Ce qui est sûr, en revanche, c'est que de nombreux éléments corroborent les informations contenues dans les bandes : des concordances de dates, de faits, confirmés par d'autres sources. De plus, à propos des enregistrements, le Président Koutchma se contente d'affirmer qu'il s'agit d'un « montage » de sa voix, ce qui veut dire qu'il admet implicitement avoir été enregistré à son insu.

J'ai participé, à cette époque, à une mission d'enquête envoyée en Ukraine par une association de défense de la liberté de la presse. Nous avons rencontré l'essentiel des personnages impliqués dans cette affaire et mis en évidence les multiples lacunes de l'enquête officielle, ainsi que les freins mis par l'administration présidentielle à l'avancée du travail du parquet*. Il apparaissait évident, à ce moment-là, que Léonid Koutchma ne voulait surtout pas connaître la vérité. Pour quelle raison, si ce n'est parce qu'il craignait ce que pouvait découvrir l'enquête ?

---

* Rapport de Reporters sans frontières, *la Vérité mutilée*, janvier 2001.

C'est bien le raisonnement tenu, à ce moment-là, par l'opposition. Elle s'empare du scandale, devenu une affaire d'État. Elle dénonce l'existence de commandos non-officiels au sein de la police, les « aigles » dont Kravtchenko se montre si fier, destinés à intimider ou à liquider les opposants. Des manifestants venus de l'Ouest et du Nord de l'Ukraine marchent plusieurs jours dans la neige pour réclamer à Kiev la « vérité ». Certains s'installent dans un village de tentes que les étudiants ont érigé au centre de Kiev. Dix à vingt mille personnes défilent régulièrement dans les rues de la capitale, portant des portraits de Gongadze et demandant la démission de Léonid Koutchma. Mais, le 9 mars 2001, un défilé tourne à l'émeute aux abords de la Présidence. La foule se heurte à un cordon de police. Il y a des blessés et des centaines d'arrestations, principalement au sein du mouvement des jeunes ultranationalistes de l'UNA-UNSO (Congrès des nationalistes ukrainiens), qui se sont laissé entraîner dans les échauffourées. Les bagarres ont été lancées par une cinquantaine de personnes paraissant agir de façon coordonnée, ce qui fera dire plus tard à l'opposition qu'il s'agissait d'une provocation. Il n'empêche, le mal est fait. Quelques-uns des manifestants feront trois ans de prison ferme. Le mouvement de protestation est brisé net. Pourtant, plus rien n'est comme avant. Rétrospectivement, ces manifestations apparaissent comme une cassure dans la courte histoire de l'Ukraine indépendante. Affaibli, isolé, le régime du Président Koutchma doit trouver un second souffle.

Pour reprendre la main, Léonid Koutchma change de Premier ministre. Il renvoie Viktor Iouchtchenko, un réformateur qui plaît aux Occidentaux. Ancien banquier central ayant une réputation d'honnêteté, c'est un technicien de l'économie. Il a réussi à maîtriser l'inflation et à relancer la production. Il est calme, modéré, acquis à la cause de l'Ukraine indépendante, mais pragmatique. Il se mêle peu de politique et s'efforce de remettre de l'ordre dans les comptes. Il s'est même opposé aux manifestations qui réclament la démission du Président. Nul ne se doute qu'il y a en lui un futur chef de la révolution orange. C'est avant tout un honnête gestionnaire d'orientation libérale, et qui se montre habile pour relancer l'économie. Mais ce n'est pas cela dont Léonid Koutchma a besoin. Après quelques mois d'intérim assuré par Anatoly Kinakh, il nomme Viktor Ianoukovitch au poste de Premier ministre. Un choix étrange. *A priori*, ce gouverneur régional réputé autoritaire, au style très soviétique, n'a pas une grande surface politique. Grand, massif, âgé de cinquante et un ans, Viktor Ianoukovitch est originaire de Donetsk, la capitale du Donbass, dans l'Est du pays. Il a ce parler direct, brutal, souvent argotique, des gens passés par la prison. Il a en effet été condamné deux fois pour vols avec violences, en 1968 et 1970. Devenu directeur d'une compagnie locale de transport routier, il a été nommé gouverneur de la région en 1997. Ailleurs, une telle ascension passerait pour un modèle de réinsertion. Mais, dans le contexte ukrainien, elle s'explique surtout par le fait que Viktor Ianoukovitch est la figure publique d'un groupe mafieux entré dans les affaires et devenu le clan le plus puissant d'Ukraine.

En dix ans, ce groupe a fait main basse sur la plupart des grandes usines du Donbass, qui produit 25 % du PIB du pays grâce à ses mines de charbon et à ses aciéries. En 2002, plusieurs oligarques ont construit des empires. Mais personne n'a la même assise financière, le même appétit, la même capacité à user de la force brutale que les hommes de Donetsk. Alors, pour consolider son pouvoir, Léonid Koutchma fait alliance avec eux et nomme Viktor Ianoukovitch au poste de Premier ministre. Ce n'est pas un mariage d'amour, mais un choix de raison. Léonid Koutchma achète l'assurance de pouvoir terminer tranquillement son mandat, qui court jusqu'à fin 2004, et de bénéficier d'une paisible retraite ensuite. Mais cela signifie qu'il doit céder sa place à l'un des hommes de Donetsk. Et au moment de la présidentielle, à l'automne 2004, Léonid Koutchma soutient la candidature de Viktor Ianoukovitch, son Premier ministre.

L'opposition, entre-temps, s'est unie derrière Viktor Iouchtchenko. L'ancien Premier ministre contre le nouveau, le réformateur pro-occidental contre le riche dirigeant pro-russe. La présidentielle s'annonce comme un duel. Jusqu'à présent, le parti communiste continuait de jouer un rôle important. Cette fois, les communistes sont laminés. Les électeurs devront trancher entre deux visions politiques, celle de l'Ouest de l'Ukraine contre celle de l'Est. Le pays doit-il aller vers l'Europe ou vers la Russie ?

Sur le plan de la politique étrangère, l'affaire Gongadze marque également un tournant. Jusque-là, Léonid Koutchma s'en tenait à une apparente neutralité, refusant de choisir entre la Russie et l'Occident. Mais, après cet assassinat, il devient infréquentable aux yeux des chefs d'État européens. Les critiques s'accumulent contre le manque de démocratie en Ukraine. Koutchma penche donc vers la Russie qui, elle, lui tend la main. Le rythme des visites bilatérales s'accélère, un « traité d'amitié » est signé. Dès lors, l'équilibre auquel Léonid Koutchma s'était tenu, bon an, mal an, est rompu. L'Ouest de l'Ukraine lui tourne définitivement le dos. Dans toute cette partie du pays, on a souffert de la répression du « nationalisme ukrainien » et l'on aspire à s'arrimer à l'Occident. On vit comme une blessure la moindre marque de faiblesse vis-à-vis de Moscou. Koutchma, qui n'était guère aimé, devient franchement détesté. À Kiev également, il est impopulaire. Mais c'est surtout comme figure centrale d'un régime de plus en plus criminel. Il y a les scandales financiers qui continuent. Il y a ces hommes de Donetsk qui prennent petit à petit les postes-clés, comme celui de procureur général. Et bien sûr l'affaire Gongadze, toujours pas élucidée.

Le fantôme du journaliste assassiné ne cesse plus de hanter la vie politique ukrainienne. Son nom devient le symbole de tous les crimes commis impunément par les hommes au pouvoir. Sa veuve, Myroslava Gongadze, réfugiée aux États-Unis, continue de demander justice et poursuit l'État ukrainien devant la Cour européenne des droits de l'homme. Et le site *Ukraïnska Pravda* est toujours en ligne*. Il est protégé par le bruit fait autour de l'enlèvement en Occident. Tandis que se rapproche l'élection présidentielle, sur laquelle tous les Ukrainiens ont les yeux fixés, le site pratique toujours un journalisme de combat. Il publie des enquêtes fouillées qui ne cachent rien des sales affaires du pouvoir. Il pratique la satire et l'ironie. Il attaque le régime

* www.pravda.com.ua.

Koutchma et entretient la mémoire de Guïa, persuadé que le Président est personnellement coupable de l'assassinat.

C'est à deux pas de la présidence, dans un petit appartement du centre, que la rédaction d'*Ukraïnska Pravda* est installée, au deuxième étage d'un immeuble d'habitation. Rien n'indique que le site est logé ici. Dans l'appartement, quelques ordinateurs neufs, un canapé où ceux qui travaillent tard dans la nuit s'écroulent pour quelques heures de sommeil, une cuisine proprette, c'est tout. Quatre journalistes se relaient, auxquels s'ajoutent une quantité de pigistes. Certains ont à peine vingt-cinq ans. Ils n'ont que de vagues souvenirs de l'époque communiste. Ils n'ont jamais mis les pieds en Russie, mais ont tous déjà voyagé en Occident. Ils aiment le rock et les films américains. Ils n'ont aucun complexe à se sentir fiers d'être ukrainiens. Ils savent tout des intrigues politiques du moment et en parlent comme s'il s'agissait d'un jeu. Ils racontent en riant comment le service de presse de la présidence leur a interdit l'entrée à la dernière conférence de presse de Léonid Koutchma. Mais ils voudraient bien accélérer le cours de l'histoire pour que l'Ukraine s'émancipe enfin de ses pesanteurs. Ils sont tous, un peu, les enfants de Guïa.

Aliona Pritoula, qui dirige la petite équipe, est la dernière personne connue à avoir vu Gueorgui vivant. Elle estime que son site « joue le même rôle que les samizdats* à l'époque soviétique. Il permet de faire circuler l'information interdite. Mais avec une plus

*Ouvrages interdits par la censure, diffusés clandestinement en URSS.

grande efficacité ». Elle indique que son site vit grâce au soutien financier de l'ambassade des États-Unis.

Au moment où l'Ukraine aborde la dernière ligne droite de la présidentielle, les gens d'*Ukraïnska Pravda* sont conscients que cette élection sera un choc frontal. La tension ne cesse de monter. On parle d'une interruption du processus électoral, d'une instauration de l'état d'urgence. Mais, tant qu'il sera possible de continuer à travailler, *Ukraïnska Pravda* jettera ses forces dans la bataille. L'équipe a pris quelques précautions. La porte est blindée. On a stocké des provisions, de l'eau. Des batteries permettent de faire face à une coupure d'électricité. Un site miroir prend le relais au cas où le serveur situé en Ukraine cesserait de fonctionner. « Nous avons un local de réserve à Kiev, raconte Aliona. Avec des ordinateurs, de l'eau et des batteries. Si les ordinateurs qui sont ici sont saisis, il suffit que l'on gagne cet endroit pour continuer. Nous avons essayé d'anticiper les réactions du pouvoir. » À ce moment-là, *Ukraïnska Pravda* est le site d'information ukrainien le plus consulté, avec plus de 50 000 visiteurs par jour. Et sa fréquentation ne cesse d'augmenter. Elle monte à 100 000 au soir du premier tour ! De plus en plus d'Ukrainiens se retrouvent sur sa ligne d'opposition radicale. Il se passe réellement quelque chose dans le pays : le mécontentement est en train de se cristalliser.

всеукраїнське

2
L'agent orange

Dans la nuit du 5 au 6 septembre 2004, vers une heure du matin, le candidat d'opposition à la présidentielle, Viktor Iouchtchenko, arrive dans une datcha des environs de Kiev pour un discret rendez-vous avec Igor Smetchko, le chef du SBU, les services secrets ukrainiens, créé sur la base de l'ex-KGB après l'indépendance. Le candidat est accompagné d'un membre de son état-major, le député David Jvania. C'est lui qui a organisé la rencontre. La datcha appartient à Volodymir Satsiuk, chef adjoint du SBU, présent ce soir-là. Les quatre hommes mangent des écrevisses et de la salade. Ils boivent de la bière, de la vodka et du cognac. La conversation porte évidemment sur les élections. On est dans la dernière ligne droite. Le candidat d'opposition est ignoré par les grandes chaînes nationales, contrôlées par le pouvoir. Mais il multiplie les meetings en province, où une foule nombreuse se presse à chaque fois.

L'objet de la rencontre est notamment, pour le candidat, de s'assurer de la neutralité du SBU dans le processus électoral. Il est également question de sa sécurité, car Viktor Iouchtchenko a été averti à plusieurs reprises que des attentats se préparaient contre lui. Ironie du sort, il semble bien que ce soit précisément ce soir-là qu'il est victime d'une tentative d'assassinat — tout au moins de le faire sortir définitivement de la course électorale. Plus tard, sa femme racontera qu'elle a été surprise, quand Iouchtchenko est rentré tard dans la nuit, d'avoir senti sur ses lèvres un étrange « goût de médicament ». Le lendemain, il est pris d'un violent mal de tête et de vomissements. Le 10 septembre, comme son état s'aggrave, il est conduit en urgence et dans le plus grand secret à Vienne, où il est hospitalisé dans une clinique privée recommandée par un ami, le Rudolfinerhaus. Son état est sérieux. Son visage et son torse se sont couverts de plaies. Il souffre de l'abdomen. Les médecins observent une infection du pancréas et un ulcère à l'estomac. Ils sont perplexes, ils ne parviennent pas à mettre un nom sur cette maladie.

Compte tenu de l'atmosphère de paranoïa dans laquelle vit le petit état-major du candidat, son entourage évoque immédiatement la piste du poison. Mais les médecins autrichiens ne fondent pas leur diagnostic sur leur connaissance des réalités politiques de l'Ukraine. Or les symptômes de leur patient ukrainien ne correspondent à aucun produit toxique courant. En attendant de comprendre, ils traitent les organes malades et préconisent le repos absolu. Le patient n'en veut pas. Il tient à poursuivre sa campagne. Passé le plus fort de la crise, il reçoit des doses massives de morphine, délivrées près de la colonne vertébrale par un cathéter, une solution risquée.

Le 18 septembre, Viktor Iouchtchenko regagne l'Ukraine, accompagné d'un médecin autrichien qui surveillera son traitement. Il apparaît à la tribune du Parlement, défiguré. Jusque-là, cet homme de cinquante ans avait un beau physique. Grand, très soigné, plutôt coquet, les traits doux, le sourire tranquille, il plaisait aussi par son apparence. Il a désormais le visage difforme, bouffi de cloques, les yeux cernés, le teint cendreux. Son œil gauche est injecté de sang. Et il accuse : « Regardez-moi, dit-il. Ceci n'est pas un problème alimentaire, mais de cuisine politique ukrainienne où les meurtres sont commandités. » Plus que les mots, c'est l'image, diffusée sur toutes les chaînes, qui crée un choc. Les ténors de la majorité orchestrent la riposte. Ils affirment que Viktor Iouchtchenko a un penchant pour l'alcool, qu'il a mangé des sushis avariés, qu'il est victime d'une maladie rare, ou qu'il a subi une opération de chirurgie esthétique qui a mal tourné ! Des journaux prétendent même qu'il ne fait que porter un masque, et que l'empoisonnement est une comédie jouée à des fins électorales.

La contre-attaque s'organise aussi auprès des correspondants étrangers. Une célèbre agence française tente de jeter le doute dans la presse occidentale sur la réalité de l'empoisonnement. Euro RSCG envoie à Vienne deux spécialistes de la communication de crise. Ils font circuler un communiqué affirmant, sous la signature de la direction du Rudolfinerhaus, que les allégations d'empoisonnement sont « totalement infondées en termes médicaux ». Plus tard, la direction de la clinique nie avoir jamais eu connaissance de ce communiqué. C'était donc un faux... Mais il est trop tard. Le texte a déjà été repris par l'agence Reuters et diffusé dans le monde entier.

Que faisait donc l'agence Euro RSCG, qui a conduit les campagnes présidentielles de François Mitterrand et de Lionel Jospin, dans cette sombre affaire de poison ? Selon le *Financial Times**, ce n'est autre que Viktor Pintchouk, le gendre de Léonid Koutchma, qui a loué ses services. Le milliardaire a pris lui-même l'avion pour Vienne et s'est rendu au Rudolfinerhaus quelques jours après l'hospitalisation de Iouchtchenko. Le camp présidentiel fait feu de tout bois.

Il faut dire que Viktor Iouchtchenko, après son coup d'éclat au Parlement, gère de façon maladroite les suites de cette affaire. Il refuse de fournir son dossier médical à la justice ukrainienne, disant qu'il n'a « plus confiance » en son impartialité ; il refuse également de se soumettre à de nouvelles analyses médicales. Il renvoie toutes les réponses au lendemain du scrutin. Il se conduit comme s'il avait décidé de mettre ce sujet de côté pour ne plus se consacrer qu'à son duel avec Viktor Ianoukovitch. Il faudra attendre le 12 décembre pour qu'il accepte cette nouvelle analyse. Entre-temps, plusieurs experts médicaux ont évoqué la piste de la dioxine. Le résultat confirme ce diagnostic : Viktor Iouchtchenko a bien été intoxiqué au moyen d'une forme particulièrement pure de dioxine. Il en a ingéré l'équivalent d'un grain de sel, ce qui a suffi pour produire ces terribles dégâts. Elle demeure encore présente dans son corps à un niveau six mille fois supérieur à la normale. Ses jours ne sont plus en danger, mais il faudra des années avant que le produit, qui s'est fixé dans les graisses, soit éliminé.

---

* Article publié le 17 décembre 2004.

De la dioxine… C'est-à-dire le composant de base du fameux agent orange utilisé au Vietnam par les Américains. Est-ce un message qui lui était adressé ? A-t-on voulu le vacciner brutalement contre toute tentation d'aller jusqu'au bout avec ses partisans vêtus d'orange ? C'est fort probable. Faute d'avoir apporté ces preuves médicales plus tôt, Viktor Iouchtchenko ne tire pas un grand bénéfice politique de cet épisode. Pourtant, il a peut-être changé le cours des choses. Car il agit sur sa personnalité. Auparavant, le candidat conservait quelque chose d'indécis, de pacifique, de tranquille. On le disait même trop mou pour être capable de l'emporter dans un combat sans merci. C'est qu'il était trop heureux, ce père de cinq enfants, récemment remarié, gâté par la vie, n'ayant jamais connu l'épreuve, la vraie. Mais, une fois surmonté le choc physique de l'attentat, Viktor Iouchtchenko se radicalise. Il devient acharné, habité d'une détermination qu'il n'avait pas. « Sa maladie en a fait un autre homme », reconnaît un diplomate en poste à Kiev, qui parle d'une « pugnacité nouvelle ». Il s'engage désormais à 100 %. Car ce qu'il a vécu donne corps aux slogans qu'il manie, cette dénonciation des crimes de l'État. Mais quel chemin pour en arriver là ! Car rien ne prédestinait ce financier compétent, imaginatif, mais si peu politique, à rassembler les foules pour se mettre en travers des plans du pouvoir.

Viktor Iouchtchenko est un enfant de la campagne, né d'une famille d'enseignants. Son père est professeur d'anglais, sa mère de mathématiques. Il est de la région de Soumy, au nord-est de l'Ukraine. C'est pourquoi, malgré ses sentiments pro-ukrainiens affirmés, il reste fidèle à la branche de l'Église orthodoxe rattachée au Patriarcat de Moscou. Il est nationaliste mais ouvert, pragmatique. Il a longtemps travaillé comme comptable d'un kolkhoze, dans l'ouest du pays. Il conserve un intérêt pour tout ce qui touche à la culture paysanne, aux traditions folkloriques. Il possédait des ruches, avec lesquelles il faisait son propre miel. Il sort de l'anonymat après l'indépendance, lorsqu'il accède à la tête de la Banque nationale dans le sillage de son mentor, Vadim Hetman. À ce poste, il lance en 1996 la nouvelle monnaie nationale, la *grivna*, et assure sa stabilité contre vents et marées. Jamais à court d'arguments, aimant discuter, il est toujours en retard, incapable de se conformer à des horaires stricts. Avec lui, les conférences de presse se transforment en cours d'économie où il explique longuement aux journalistes les mécanismes de la création de monnaie et de l'économie de marché.

À cette époque, Viktor Iouchtchenko fait la connaissance de celle qui deviendra sa deuxième épouse, Kateryna Tchoumatchenko, venue diriger un organisme soutenu par les États-Unis et destiné à aider l'Ukraine dans sa transition vers l'économie de marché. Elle est née aux États-Unis dans une famille d'émigrés ukrainiens. Elle a travaillé pour le puissant lobby ukrainien aux États-Unis puis est passée brièvement par le département d'État, avant de s'installer en Ukraine. Viktor Iouchtchenko, qui a deux enfants d'un premier mariage, se remarie avec elle et, à ce jour, ils ont trois enfants.

C'est sous la pression des bailleurs de fonds internationaux que Viktor Iouchtchenko devient Premier ministre en 1999. Si l'Ukraine veut continuer à percevoir des crédits, le Fonds monétaire international (FMI) exige d'avoir à ce poste un gestionnaire qui conserve une réputation de probité. Ils ne sont pas si nombreux. Léonid Koutchma se laisse imposer le nom de Viktor Iouchtchenko. L'Ukraine est indépendante depuis huit ans. Le choc de la séparation avec la Russie est amorti. En huit ans, la production s'est effondrée, mais elle ne demande qu'à repartir. Les privatisations ont été faites. Les coupes dans les programmes sociaux ont commencé. Un tissu de petites et moyennes entreprises s'est mis en place. Il existe un certain dynamisme, mais caché. Plus de 50 % du PIB appartient en effet à l'économie de l'ombre.

En quinze mois au pouvoir, Viktor Iouchtchenko limite l'inflation. Il engage la lutte contre les exemptions fiscales accordées aux grandes entreprises qui dégagent des profits. Il lutte contre le troc, très répandu, afin de remonétiser les échanges. La collecte fiscale s'améliore. Les salaires et les retraites en retard sont payés. Les exportations augmentent. Un cercle vertueux se met en place qui permet à la croissance de repartir. Pour la première fois depuis l'indépendance, le PIB ukrainien augmente en 2000 de 5 %, alors qu'il ne cessait de chuter. Viktor Iouchtchenko devient populaire. Il impose un nouveau style. Il parle simplement, avec douceur. Il rompt avec cette théâtralité du pouvoir qu'aimaient les Soviétiques. Avec lui, les dirigeants acceptent de descendre de leurs Mercedes blindées, et pas seulement pour poser sur la photo. Aussi, lorsqu'il est sèchement limogé au lendemain de l'affaire Gongadze, il rejoint l'opposition. C'est le vrai commencement de son activité politique. Apprécié des Ukrainiens, incarnant un certain consensus, il parvient à réunir autour de lui une partie de la droite nationaliste modérée, sous la bannière de la coalition Notre Ukraine. Parmi ceux qui le suivent, il y a de tout : quelques anciens dissidents, plusieurs oligarques qui n'ont pas accepté de jouer selon les règles imposées par le pouvoir, et même quelques anciens membres de l'entourage de Léonid Koutchma qui se sont brouillés avec lui. C'est un rassemblement plutôt hétéroclite d'idéalistes et d'ambitieux animés par un désir de revanche.

Parmi les alliés de Viktor Iouchtchenko, il faut citer Julia Timochenko, la « princesse du gaz », qui sera l'égérie de la révolution. Menue, jolie, énergique, elle a fait fortune avant trente ans dans le secteur de l'énergie grâce à sa proximité avec l'entourage de Léonid Koutchma, en particulier avec l'ancien Premier ministre Pavlo Lazarenko. Elle est alors à la tête d'une entreprise, UES (Systèmes énergétiques unifiés d'Ukraine), qui achète et revend de grandes quantités de gaz et de pétrole. Elle possède deux banques, une compagnie aérienne et une vingtaine de sociétés commerciales. Cette diplômée d'économie a travaillé cinq ans à l'usine de construction mécanique Lénine de Dniepropetrovsk. Puis elle est devenue la femme d'affaires la plus riche du pays. Hardie, toujours vêtue à la dernière mode, elle fait sensation avec ses minijupes au Parlement, où elle s'est fait élire en 1996. Lorsque Lazarenko tombe en disgrâce, en 1997, elle passe dans une opposition radicale.

Le pouvoir tente alors de priver Julia Timochenko de sa fortune. Elle est poursuivie par la justice pour corruption. Elle est victime d'un grave accident de voiture qui ressemble beaucoup à une tentative de meurtre. Elle passe même quelques semaines en prison. Rien n'y fait. Elle ne dévie plus d'une ligne d'opposition radicale qui se fixe pour but de chasser Léonid Koutchma du pouvoir. Séduisante, intelligente et rebelle, elle est pour beaucoup dans l'unification des différentes tendances du Parlement s'opposant à Léonid Koutchma. Elle a su nouer une alliance solide avec Viktor Iouchtchenko quand elle s'est trouvée au poste de vice-Premier ministre de son gouvernement. Cette ancienne oligarque au passé controversé s'est alors montrée efficace pour faire reculer l'économie de l'ombre. Elle sera l'un des moteurs de la révolution orange.

Il faut citer également Petro Porochenko, « l'empereur du chocolat ». Lui aussi est un oligarque devenu député et entré en opposition après avoir été proche du pouvoir. Il ne compte plus son argent pour soutenir Notre Ukraine. Ou encore Alexander Zintchenko, qui fut propriétaire d'une chaîne de télévision soutenant le pouvoir, avant d'être dépossédé et de rejoindre lui aussi l'opposition. En ce sens, la révolution orange peut bien être décrite comme « la révolte des millionnaires contre les milliardaires », selon le mot cruel que Viktor Pintchouk aura un peu plus tard.

Viktor Iouchtchenko a installé ses bureaux dans une petite maison du Podol, l'ancien quartier juif de Kiev, désormais bohème et chic. Il prépare la présidentielle et découvre tardivement les règles cruelles de la politique ukrainienne. Les grands médias, tous contrôlés par des proches de Léonid Koutchma, font un silence absolu sur ses déclarations. Pour percer ce blocus, il va régulièrement en province tenir des meetings. Mais, lorsqu'il se rend dans les grandes villes de l'Est de l'Ukraine, l'administration locale fait couper l'électricité de la salle où il doit parler, ou bien invoque le brouillard pour interdire à son avion d'atterrir… À Donetsk, des dizaines de hooligans vandalisent la salle où il doit s'exprimer. Il se heurte aussi à une guerre de propagande orchestrée par quelques « polit-technologues », cette espèce poussée en graine dans le fumier des années post-communistes. Moitié gourous, moitié manipulateurs de l'opinion, ces conseillers privés payés à prix d'or sont des « ingénieurs de la chose politique ». Ils savent lire un sondage, faire passer du vieux pour du neuf. Jusque-là, rien de bien différent par rapport à leurs homologues occidentaux… Mais ils sont également experts dans l'art du discrédit, cette « propagande noire » qui permet de couvrir de boue son adversaire. Dans les commentaires qu'ils inspirent à une presse aux ordres, ils dessinent l'image d'un chef de l'opposition entouré d'ultranationalistes, voire d'antisémites. Ils affirment que Viktor Iouchtchenko veut conduire le pays à la guerre civile, qu'il est anti-russe. Ils affirment également qu'il est aux ordres de la CIA, à travers sa femme « américaine », et sert un projet visant à faire de l'Ukraine un nouveau relais de l'influence américaine dans la région, tout en affaiblissant la Russie.

Preuve, cependant, que les Ukrainiens n'ont pas grande confiance dans leurs médias, Viktor Iouchtchenko conserve une popularité intacte. L'Ouest, en particulier, lui est acquis. Mais pas seulement. Même à Dniepropetrovsk, cet ancien Premier ministre au style si différent suscite une curiosité, un espoir. Des milliers de gens viennent l'écouter. Les sondages montrent, mois après mois, que sa cote de popularité se maintient à 30 % d'intentions de vote, quels que soient les événements.

Aux élections législatives de 2002, Notre Ukraine remporte une première victoire en devenant la plus grande force politique du pays avec 112 sièges sur 450 au Parlement. Cela ne lui donne pas le pouvoir car le mode de scrutin (la moitié des sièges pourvue à la proportionnelle, l'autre moitié au scrutin majoritaire par circonscription) permet à de nombreux oligarques pro-Koutchma d'entrer au Parlement en se présentant sans étiquette, dans des régions où ils sont bien implantés. De plus, la clé de voûte du système politique est rue Bankova, siège de l'administration présidentielle. Mais, passé ces législatives, l'Ukraine vit dans l'attente du duel de la présidentielle. À cette époque, Viktor Iouchtchenko pense qu'il peut l'emporter si les pays étrangers font pression pour que l'élection se tienne à la date prévue et se déroule de façon transparente. C'est à ce moment-là que je l'ai rencontré. Il m'avait reçu pour une interview dans son minuscule bureau, encombré d'un buffet faussement ancien sur lequel était posée une photo de sa mère. Il avait encore un physique avenant. Confortablement vêtu d'un costume de grosse laine, soigné jusqu'au bout de ses ongles impeccablement taillés, il m'avait longuement expliqué, tout en trempant des biscuits dans une coupe de miel, que l'Ukraine avait vocation à se tourner vers l'Europe, et qu'il combattait non pas une idéologie mais un clan « criminel » ayant fait main basse sur le pouvoir.

Déterminé, il conservait en même temps une certaine candeur. Il croyait pouvoir gagner dans un combat loyal. Lorsque nous avions évoqué la possibilité d'une confrontation dans la rue, selon un scénario semblable à celui qui s'était déroulé en Serbie, où les élections truquées par Slobodan Milosevic avaient déclenché une révolution, il avait balayé cette hypothèse d'un revers de main : « Certes, la situation de la Serbie de Milosevic est proche de celle de l'Ukraine aujourd'hui. Il y a dans les deux cas une forte polarisation de la population », avait-il reconnu. Mais c'était pour mieux récuser la comparaison : « Si l'on prend l'histoire de l'Ukraine de ces dernières années, on a vu aussi des gens dans la rue. Cependant, les manifestations ne peuvent se produire que dans quelques régions. Ici, seulement 3 ou 4 % de la population soutiendrait des actions de rue. Alors, il serait dangereux de recourir à ces méthodes qui peuvent discréditer pour de nombreuses années toute forme de lutte et faire reculer l'espoir des gens. Je ne veux pas rendre un mauvais service à la démocratie. »

C'était environ deux ans avant qu'un autre Viktor Iouchtchenko n'apparaisse. Celui-ci, visage ravagé, l'écharpe orange nouée au cou, conduira les foules vers le Parlement, bras dessus, bras dessous avec son Comité de salut national (la coordination de l'opposition), indifférent à la neige tombant à gros flocons. Habité par une détermination silencieuse, une tenace tranquillité. Sur la scène de la place de l'Indépendance, chaque soir, il parlera longuement à la foule, ses jeunes enfants jouant dans ses jambes, bonnet orange sur la tête. On le verra même verser dans un certain lyrisme, s'adressant à la foule en commençant par les mots « Frères, sœurs », terminant par un « Gloire à l'Ukraine et gloire à chacun de vous ». Il aura moins l'allure d'un banquier entré en politique que d'un de ces « présidents professeurs » que l'Europe centrale a produits en nombre, du XIXe siècle à nos jours. Mais tout cela est déjà une autre histoire.

ПОРА!

3
Un tour de passe-passe électoral

Le dimanche 21 novembre 2004 est le deuxième tour de la présidentielle. Comme attendu, il se résume à un duel entre Viktor Iouchtchenko et Viktor Ianoukovitch. À l'issue du premier tour, les deux hommes se sont retrouvés au coude à coude, aux alentours de 40 %. Déjà, les accusations de fraude ont fusé de toutes parts. Mais, lors de ce deuxième tour, les moyens déployés pour fausser le résultat passent tous les records. Au centre du pays circulent d'étranges carrousels. La loi électorale autorise les Ukrainiens à voter en dehors de leur circonscription. Des centaines d'autobus venus de l'Est promènent donc des électeurs, de bureau de vote en bureau de vote, où ils glissent à chaque fois un bulletin dans l'urne ! Une observatrice française, Nathalie Pasternak, raconte : « J'ai eu l'occasion de suivre six autobus immatriculés dans une région de l'Est, avec la mention "Excursion" portée à l'avant. Ils étaient escortés par une voiture de police. Nous avons pu les voir déverser des gens près des bureaux de vote. Mais ce n'est pas le pire : un de mes amis français, qui se trouvait dans la région de Krementchouk, a vu arriver quarante autobus escortés d'hommes armés ! »

Héritage de l'époque communiste, les personnes âgées ou malades sont autorisées à voter à domicile. C'est l'urne qui vient chez elles, accompagnée par un assesseur du bureau de vote. Et, comme il est impossible de mettre un scrutateur derrière chaque urne mobile, c'est encore le prétexte à de nouvelles fraudes. Dans certaines circonscriptions de l'Est, le vote à domicile concerne jusqu'à 35 % des électeurs. Même chose avec les bureaux de vote installés dans les hôpitaux, les prisons, les casernes : les malades, les prisonniers et les soldats reçoivent de strictes consignes de votes, sous peine de brimades et de privations. Cette réserve de voix correspond à la « ressource administrative ». Elle s'étend également aux communes rurales, où persiste une culture autoritaire : que le représentant de l'administration de l'arrondissement dise pour qui il faut voter et tout le monde suit, afin de ne pas attirer d'ennuis sur la région.

Dans certains lieux, le taux de participation est artificiellement augmenté. Ainsi, dans les régions de Donetsk et de Lougansk, 98,5 % des votants se rendent aux urnes, selon le chiffre officiel. C'est 21 % de plus que lors du premier tour ! Un élan civique impressionnant… En fait, des paquets de bulletins préremplis ont été jetés dans les urnes pour les abstentionnistes. Sûr de son fait, le pouvoir local ne se cache même pas : ces liasses de bulletins sont toutes pliées de la même façon. Quand cela ne suffit pas, les procès-verbaux de décomptes sont corrigés. Les scrutateurs de l'opposition qui tentent de s'y opposer sont expulsés des commissions électorales locales, voire passés à tabac. L'Organisation pour la sécurité et la coopération en Europe (OSCE), qui conduit une mission d'observation internationale, notera sobrement dans son communiqué que « les standards relatifs à la tenue d'une élection démocratique n'ont pas été respectés ».

Selon l'opposition, la fraude a permis au candidat du pouvoir, Viktor Ianoukovitch, de réunir trois à quatre millions de voix supplémentaires. Le Comité des électeurs ukrainiens, l'organisation non gouvernementale la plus crédible parmi toutes celles qui participent à l'observation du scrutin, ramène ce chiffre à 1,5 million de voix frauduleuses. « Mais cela a suffi pour fausser le résultat du scrutin », note Igor Popov, son président.

Dans la nuit, la commission électorale centrale publie des résultats qui annoncent la victoire de Viktor Ianoukovitch avec près de 3 % d'avance. Or les sondages réalisés à la sortie des urnes disaient le contraire. L'opposition dénonce les fraudes et appelle les Ukrainiens à manifester. Viktor Iouchtchenko annonce le début d'un « mouvement de résistance civile ». Il invite les électeurs à « défendre leur vote ». Et les Ukrainiens sont des milliers à descendre dans les rues ! À Kiev, la foule se rassemble place de l'Indépendance. Dès ce premier soir, il est clair que l'Ukraine est partie pour vivre une épreuve de force. Les exemples des révolutions serbe et géorgienne sont dans toutes les têtes. Y compris dans celle du Président Koutchma. Le samedi, veille du vote, il déclarait à la télévision : « Il n'y aura pas de révolution en Ukraine. Le pouvoir ne permettra pas de faire basculer le processus démocratique dans la violence. Les révolutions sont planifiées par des rêveurs, réalisées par des fanatiques, et leurs fruits profitent à des voyous. » Le pouvoir s'est préparé à d'éventuelles manifestations. Les policiers anti-émeutes de Kiev, les *omons*, se sont entraînés tout l'été en Crimée. Et la télévision a longuement montré leurs charges fictives contre des mannequins. Le message envoyé à l'opposition était clair.

L'opposition aussi s'est préparée à des lendemains d'élection difficiles. Cinq jours avant le deuxième tour de scrutin, Viktor Iouchtchenko promettait déjà de « mobiliser des millions d'Ukrainiens » en cas de fraude au second tour. Il ne s'agissait encore que de propos électoraux, destinés à intimider l'adversaire. Mais pas seulement. La révolution était déjà en préparation. L'initiative en revient particulièrement à trois jeunes députés qui figurent à l'état-major de campagne de Viktor Iouchtchenko : Taras Stetskiv, Volodymyr Filenko et Yuri Lutsenko. Les deux premiers appartiennent au petit parti de droite Ordre et Réforme, membre de la coalition Notre Ukraine, tandis que le troisième est un socialiste qui a rejoint Notre Ukraine entre les deux tours, lorsque le candidat socialiste s'est désisté en faveur de Viktor Iouchtchenko.

Tous les trois ont moins de quarante ans et sont des professionnels de la politique, à laquelle ils sont venus après l'indépendance de l'Ukraine. Ils ont aussi en commun de détester le régime du Président Koutchma. Plus radicaux que leurs aînés, ils ont envie de livrer bataille. Ils sont conscients qu'aucun changement n'interviendra sans l'instauration d'un rapport de force. Plus pragmatiques, aussi, ils veulent des résultats concrets, immédiats et palpables. Ils n'ont pas peur d'envisager un renversement par la force du régime, si nécessaire. Yuri

Lutsenko était déjà l'un des leaders des manifestations qui ont suivi l'affaire Gongadze. Lors de la campagne électorale de Viktor Iouchtchenko, ils ont organisé les grands rassemblements destinés à démontrer que le chef de l'opposition avait le soutien du peuple. Et cela a marché. Malgré le silence dans lequel il était tenu par les médias officiels, Viktor Iouchtchenko est parvenu régulièrement à rassembler de larges foules en plein air.

Taras Stetskiv, Volodymyr Filenko et Yuri Lutsenko veulent aller plus loin. Alors que le deuxième tour se profile, ils sont sûrs que la partie se jouera aussi dans la rue. Le 5 novembre, ils lancent l'idée de créer un comité de grève dans les universités. « Mais le directeur de campagne de Iouchtchenko, Alexander Zintchenko, s'y est opposé », raconte Taras Stetskiv*. Tant pis, les jeunes députés passent outre. Ils font savoir aux dirigeants étudiants proches de l'opposition qu'ils doivent se tenir prêts à se mettre en grève. Et ils convainquent le député de l'opposition et homme d'affaires David Jvania de financer l'achat de tentes pour 10 000 personnes. Alors que se rapproche le deuxième tour, la direction de l'opposition est bien obligée de s'interroger sur sa réaction en cas de fraudes massives. « Trois jours avant le vote, il y a eu une réunion historique au Comité de salut national, à laquelle Iouchtchenko n'a pas assisté, raconte Taras Stetskiv. Une décision unanime fut prise de se préparer pour des actions de rue. Filenko et moi avons parlé. Tout le monde est arrivé à la conclusion qu'il n'y avait pas d'alternative. Il n'y avait qu'un seul

* Entretien paru dans l'hebdomadaire *Zerkalo Nedeli* le 11 décembre 2004.

argument contre : "Les gens ne descendront pas dans la rue", nous a-t-on dit. J'ai répondu : "Et où pensez-vous que les 25 000 scrutateurs venus de l'Ouest dans les circonscriptions de l'Est iront ? Et les Kiéviens ? Les gens bloqueront les rues d'eux-mêmes, sans attendre les ordres." Cependant, quand nous avons commencé à dessiner l'image d'un camp de tentes, de cuisines de campagne fumantes, des *omons* qui avancent, nous avons vu la peur dans les yeux de Zintchenko et d'autres membres de l'état-major. J'ai pensé : "Est-ce que nous n'allons pas trop loin avec notre description ?" »

Trois jours avant le second tour, l'opposition ukrainienne n'est pas sûre de réunir suffisamment de gens dans les rues, dans le cas où le pouvoir lui volerait la victoire. En même temps, elle est consciente d'être à un carrefour. Une telle occasion ne se représentera pas de sitôt. Car, si Ianoukovitch l'emporte, il ne fait aucun doute qu'il s'installera pour longtemps, quitte à écraser toute opposition. Alors, le Comité de salut national vote en faveur de la préparation de manifestations. Et, le moment venu, les chefs de l'opposition sont débordés par leurs troupes lorsqu'ils constatent que le nombre de manifestants dépasse leurs prévisions.

Dès le lundi 22 novembre au matin, en effet, plus de 100 000 personnes se massent sur la place de l'Indépendance de Kiev, où certains ont déjà passé la nuit. Ils seront bientôt 200 000, peut-être plus, à se rassembler, débordant sur le boulevard Krechtchiatik, qui donne sur la place. Une scène a été montée à la hâte, où les orateurs de l'opposition se succèdent, entre les concerts de rock de groupes populaires ukrainiens. La foule arbore des drapeaux orange. Dessus, le slogan « Tak ! », qui veut dire « Oui », et le fer à cheval, signe porte-bonheur qui marque les affiches du candidat Iouchtchenko.

La couleur orange avait déjà été choisie par Notre Ukraine pour la campagne des législatives, deux ans plus tôt. Parce que c'est une couleur vive, gaie, qui ne renvoie à aucune des factions qui se sont déchirées lors des conflits inter-ukrainiens du XXe siècle. Jusque-là, l'orange faisait partie de l'ambiance des meetings, rien de plus. Mais, entre les deux tours, beaucoup de Kiéviens ont commencé, spontanément, à nouer un ruban orange à l'antenne de leur voiture, à leur rétroviseur. Beaucoup se sont mis à porter des vêtements orange comme un signe muet de protestation. On ne pouvait les accuser de faire de la propagande électorale.

La couleur devient une façon d'exprimer un ras-le-bol général : assez des mensonges, du cynisme, du vol organisé, disent tous ceux qui arborent cette couleur, et qui appartiennent à toutes les catégories de la population : jeunes, retraités, fonctionnaires ou petits entrepreneurs privés. À Kiev, plus de 80 % des électeurs ont en effet voté pour Viktor Iouchtchenko. Et ce sont eux qui remplissent la place de l'Indépendance, ce lundi. La protestation réunit toutes les couches de la population. Parmi ceux qui se trouvent là, beaucoup ne se sont jamais mêlés de politique. En quatorze ans d'existence, l'Ukraine n'a jamais connu un tel rassemblement. Même les manifestations de 1991 pour l'indépendance ne rassemblaient que quelques dizaines de milliers de personnes. Là, c'est une marée humaine qui prend conscience de sa force.

En ces premières heures de manifestation, dans le centre-ville, pas le moindre policier n'est visible. Il fait une température glaciale, plusieurs degrés au-dessous de zéro, mais cela ne refroidit pas l'enthousiasme. Les gens sont calmes mais résolus. Ils sont en colère, mais l'expriment de façon gaie, heureux de se découvrir si nombreux, de constituer, par leur seule présence, un défi pour le pouvoir. « C'est la mentalité ukrainienne, explique Andriy Strannikov, conseiller municipal de Kiev et membre de l'opposition, nous pouvons rester longtemps dans notre coin à parler des imbéciles qui nous gouvernent, mais sans rien faire de façon publique. Du coup, on imagine que les Ukrainiens sont calmes et modestes, qu'on peut faire d'eux ce que l'on veut. Mais, si un jour on les embête au point qu'ils décident de dire à haute voix ce qu'ils pensent, plus rien ne peut les arrêter. »

Dès le lundi après-midi, sur la place de l'Indépendance, les jeunes du mouvement Pora (« Il est temps ») entament l'installation d'un camp de tentes capable d'accueillir plusieurs milliers de personnes. Ce village de tentes s'inspire du mode d'action des étudiants au temps des manifestations pour l'indépendance ukrainienne, déjà remis au goût du jour après l'affaire Gongadze. Surgies de nulle part, les tentes, toutes semblables, s'entassent sur la chaussée et sont rapidement installées, posées sur des plaques de polystyrène pour les isoler du sol glacé. Afin d'éviter toute provocation, un cordon de volontaires entoure le camp. Toute personne qui y pénètre est soigneusement fouillée. L'alcool est interdit. L'organisation est stricte. La nervosité est perceptible. Les organisateurs du camp savent qu'en cas de confrontation ils seront en première ligne.

Ce village de toile va s'étendre dans les jours qui suivent, de façon plus ou moins anarchique, jusqu'à compter plus de 3 000 tentes, qui occupent une bonne part de l'avenue Krechtchiatik ou se répandent dans les rues environnantes. Elles forment de petits camps protégés par quelques barricades hâtivement constituées avec des bancs publics et des palettes de bois, gardées par des volontaires qui se relaient jour et nuit. Ces tentes deviennent un des symboles de la protestation. Elles donnent corps au mot d'ordre qui circule : rester là, occuper la place « *do peremoguy* », « jusqu'à la victoire ». L'opposition, en effet, est persuadée que si la protestation s'arrête elle ne reprendra plus, que le moindre recul entraînera l'échec définitif. Elle demande donc aux Kiéviens de rester sur place le plus longtemps possible, en s'efforçant de faire venir des renforts depuis l'Ouest de l'Ukraine où Viktor Iouchtchenko sait qu'il peut compter sur plusieurs milliers de partisans.

L'autre symbole qui fédère les manifestants est une chaîne de télévision, la 5. Apparue depuis peu, financée par Petro Porochenko, c'est une télévision de combat. Elle est la seule à contrer la propagande diffusée par les autres chaînes nationales, toutes entre les mains de proches du pouvoir. Elle s'y emploie dans des programmes au ton virulent. Sur les autres chaînes, on ne parle pas de Viktor Iouchtchenko. Ou, si on le fait, c'est pour le présenter sous les traits d'un nationaliste qui veut diviser le pays, pousser à la guerre civile, et vendre l'Ukraine aux États-Unis. Sur la 5, on dénonce les fraudes électorales et les scandales de corruption. Durant la campagne électorale, les émetteurs de la 5 ont régulièrement été coupés dans l'Est de l'Ukraine. Ses comptes bancaires ont été saisis. La chaîne a subi des contrôles fiscaux en rafales. Ses partenaires, soumis à des intimidations, ont rompu leur contrat. Les entreprises qui y faisaient de la publicité ont également été harcelées. Seule la pression internationale a permis à la 5 de tenir. Elle diffuse depuis le soir du vote un « marathon électoral » ininterrompu, qui rend compte de la manifestation de Kiev. Les Ukrainiens le regardent avec fascination. Les directs, les journaux et les débats sont entrecoupés de clips énergiques où une caméra survole la foule orange et gaie, sur les musiques rythmées qui deviendront les tubes de la révolution. Ils montrent la protestation comme une grande fête. Ils écrivent déjà sa légende, galvanisant les manifestants. Sur l'avenue Krechtchiatik, des écrans géants sont installés. Ils diffusent en permanence les programmes de la 5.

Les premiers gestes de ralliements sont annoncés. Ils mettent au jour la fracture qui traverse le pays. Ce lundi 22 novembre, deuxième jour de la révolution, cent cinquante diplomates ukrainiens signent une lettre assurant qu'ils reconnaissent Viktor Iouchtchenko comme président. Les mairies de Lviv, de Ternopil, d'Ivano-Frankivsk et surtout de Kiev votent une motion de soutien à Viktor Iouchtchenko. Grâce au soutien actif de la municipalité de la capitale, la vie peut s'organiser sur les lieux de la manifestation : des toilettes chimiques seront bientôt installées, les ordures collectées tous les jours, le camp de tentes reçoit de l'électricité. La protestation se prépare à durer.

Le pouvoir, de son côté, est aux abonnés absents. En ces premières heures qui suivent le début de la manifestation géante, Viktor Ianoukovitch se contente d'une courte déclaration. Il apparaît sur fond de drapeau ukrainien et indique d'un air tranquille : « Les élections ont eu lieu. Le pays et le peuple doivent rester unis. » En dehors de cela, les chaînes nationales diffusent des émissions de variétés et des films. Les journaux télévisés, quand ils mentionnent la manifestation, le font brièvement. Ils parlent de quelques centaines de gens qui protestent. On pourrait croire qu'il ne s'agit que d'une poignée d'irréductibles grincheux.

Dans la rue, tandis que les heures passent, courent les plus folles rumeurs. On annonce une intervention imminente de la police, l'arrivée de mineurs venus de l'Est pour marcher contre la foule ou bien le débarquement de troupes russes sur un aéroport proche de Kiev ! On dit aussi que les chemins de fer refusent de vendre des billets pour Kiev et que les routes sont coupées par des barrages de police, empêchant les provinciaux de rejoindre la protestation. Si de telles mesures sont réellement prises, elles ne sont guère efficaces. Serrés dans des voitures individuelles, descendant d'autobus surchargés, les provinciaux arrivent en un flot continu. La plupart viennent de l'Ouest, bastion de l'électorat de Iouchtchenko. Ils sont encore plus résolus que les Kiéviens. Ils disent calmement qu'ils resteront là « jusqu'au bout », même s'il faut camper tout l'hiver au centre de Kiev. Avec eux, la manifestation conserve son allure joyeuse et calme. Le face-à-face entre les manifestants et le pouvoir s'est installé pour durer.

4
Grand bal au club des services secrets

Ici, pas d'écharpes orange. À peine quelques discrets autocollants bleu et blanc, les couleurs de Viktor Ianoukovitch. On est au club du SBU (Sloujba Bezpeky Ukraïny), le « Service de sécurité ukrainien », créé sur les décombres du KGB lorsque le pays est devenu indépendant. Le SBU occupe un imposant bâtiment de la rue Volodimirska, au centre de Kiev. Dans les cellules situées au sous-sol, on a détenu et torturé, à l'époque soviétique. Aujourd'hui, le service est surtout un champ clos où s'affrontent différentes factions, reflet des luttes que connaît tout le pays. Il conserve de beaux restes, parmi lesquels ce club, installé dans un bâtiment annexe de l'autre côté de la rue, et destiné à accueillir les soirées ouvertes aux officiers de la maison. C'est aujourd'hui un vaste théâtre, bien équipé, entièrement refait à neuf et doté des meilleures technologies. Rien ne le signale à l'extérieur. Ce soir, cependant, il n'est pas réservé aux employés du SBU. Il a été prêté à l'ambassade de Russie en Ukraine, qui y organise son réveillon de fin d'année.

Profitant de l'invitation d'un ami, j'ai pu me glisser en ces lieux, seul Occidental dans l'assistance, bien entendu, et seul journaliste. Il y a quelque chose d'irréel. On est en pleine révolution en Ukraine. La foule massée dans les rues, à quelques centaines de mètres, exprime un rejet de l'influence russe dans la vie politique ukrainienne. Et l'ambassade de Russie a tenu, comme tous les ans, à réunir ses amis ukrainiens autour d'un petit spectacle, d'un buffet et de quelques discours. Pendant la révolution, les célébrations continuent. Du moins c'est ce que l'on feint de croire. C'est donc avec l'impression d'entendre l'orchestre continuer à jouer sur le Titanic en train de sombrer qu'on se trouve là, en compagnie de l'ambassadeur de Russie en Ukraine, Viktor Tchernomyrdine, et de deux cent cinquante invités, pour rejouer la comédie usée de l'indéfectible amitié russo-ukrainienne.

Les hommes sont en costume gris. Les plus âgés arborent sans complexes leurs rangées de décorations soviétiques. Les femmes portent des robes à paillettes dos nus. Beaucoup d'enfants sont là. C'est presque une fête de famille. La soirée commence par un spectacle où quelques chanteurs venus de Moscou entonnent des succès des années 1970. Par mesure d'économie, il n'y a pas d'orchestre. Les artistes chantent sur des bandes enregistrées. Entre les chansons, ils parlent. L'un raconte en russe qu'il est né à Kiev, durant la guerre, et dit à quel point il est heureux d'être de retour pour quelques jours dans cette ville. Puis, sortant de la salle, les spectateurs viennent se ranger autour de tables garnies de salades de betteraves, de charcuteries, de bouteilles de soda et de vodka. Comme dans un rituel bien réglé, chacun lève un verre en attendant le premier toast. Viktor Tchernomyrdine arbore cet air de bon grand-père un peu bourru qu'il avait déjà lorsqu'il était Premier ministre de Russie ou tout puissant patron du géant gazier Gazprom. Il ne fait aucune allusion directe à la crise politique, mais répète plusieurs fois que les Ukrainiens et les Russes sont « unis comme les membres d'une même famille ».

Les invités sont à l'unisson. Natacha, cinquante ans, secrétaire, petit bout de femme aux cheveux décolorés, pense surtout à boire et à danser. Mais elle me montre un grand drapeau bleu et blanc rangé dans son sac. Elle raconte qu'elle est de tous les meetings pour Ianoukovitch. Elle estime avec virulence que « Iouchtchenko est un fasciste » qui veut « conduire le pays à la guerre ». Et cette fille d'un père russe et d'une mère ukrainienne avoue une franche nostalgie de l'époque où les deux pays étaient unis. Elle souhaite en même temps une issue paisible à la crise post-électorale et rejette le scénario catastrophe qui conduirait à la division du pays. Les amis de la Russie qui remplissent la salle sont comme elle. Ce sont des retraités, des jeunes, d'anciennes gloires de la littérature soviétique ou des vétérans de la libération de Kiev. À les voir, on se dit qu'il n'y a pas de quoi soutenir un coup de force, au cas où la Russie aurait l'idée d'en perpétrer un. Les invités de ce soir sont pourtant les dirigeants des principales organisations pro-russes en Ukraine : un groupe de « défense des droits de l'homme », focalisé sur l'oppression de la « minorité russe » ; une association pour le rétablissement de la langue russe dans le statut de langue officielle ; un parti, le Bloc russe, qui défend le retour de l'Ukraine dans une union étroite avec la Russie, mais n'est pas représenté au Parlement, faute d'avoir franchi la barre des 3 %.

Tous partagent la même vision, nourrie de nostalgie de l'Union soviétique plutôt que d'un réel projet. Ils sont trop peu nombreux, trop peu influents. Ceux qui sont là ce soir appartiennent déjà au passé. Leurs retrouvailles, rituelles, ont quelque chose de pathétique. D'ailleurs, les représentants de l'ambassade russe eux-mêmes n'ont pas l'air d'y croire. Le numéro deux de l'ambassade est ivre. Il promène son ennui d'un groupe à l'autre, l'air absent. Après avoir cédé à tous ceux qui veulent se faire photographier à côté de lui, Viktor Tchernomyrdine s'esquive rapidement, entouré d'une nuée de conseillers. Enfilant son manteau, il consent à répondre à quelques questions :

— Comment évolueront les relations avec l'Ukraine, si Iouchtchenko l'emporte ?

— Je suis persuadé que nos rapports ne feront que progresser. Tout ce qu'il nous faut, c'est travailler, travailler et encore travailler, lâche-t-il, trouvant tout naturellement une expression employée en son temps par Lénine. Contre toute évidence, l'ancien Premier ministre russe assure que, quel que soit celui qui aura été élu par le peuple ukrainien, les relations ne feront que s'améliorer. Puis il en appelle cette fois à la sagesse populaire pour glisser : « On ne choisit pas son voisin. »

En vieux routier, l'ancien patron de Gazprom sait pratiquer la langue de bois. Mais il ne semble avoir aucune vision du développement des relations entre la Russie et l'Ukraine, en dehors de quelques slogans mille fois répétés affirmant l'amitié entre les deux pays frères. Pourtant, le Président russe Vladimir Poutine a tout fait, du moins tout ce qu'il croit utile, pour assurer la victoire de Viktor Ianoukovitch. Début octobre, le soir de son anniversaire, le Président russe a invité le Premier ministre ukrainien à passer la soirée avec lui dans sa datcha. Cette démonstration de l'amitié russo-ukrainienne a été soigneusement mise en scène, et l'image largement diffusée.

À quelques jours du premier tour, Poutine est venu passer deux jours à Kiev. Il a assisté, avec Viktor Ianoukovitch et Léonid Koutchma, à un grand défilé militaire dans le plus pur style soviétique. Le soir, il répondait aux questions de quelques journalistes. L'entretien, qui a duré une heure, a été retransmis sur trois chaînes nationales. Le Président russe en a profité pour souligner l'excellence de ses relations avec le Premier ministre ukrainien, candidat à la présidentielle. À son retour en Russie, il a ordonné à la Douma d'adopter des dispositions pour faciliter le séjour en Russie des Ukrainiens et ouvrir à ceux qui vivent en Russie la possibilité d'avoir une double citoyenneté.

Ce soutien appuyé à Viktor Ianoukovitch n'a pas donné un avantage décisif à ce dernier. Alors Vladimir Poutine a insisté. Il est revenu en Ukraine à la veille du second tour. Cette fois, le Président russe s'est rendu en Crimée, la presqu'île du sud de l'Ukraine, au prétexte de signer un accord pour la réouverture d'une liaison maritime entre les deux pays. À nouveau, le Président russe a apporté son soutien à Viktor Ianoukovitch.

Mais ce n'est pas tout. Pendant la campagne électorale, la Russie a envoyé en Ukraine des vedettes de la chanson, une délégation du Patriarcat orthodoxe de Moscou et plusieurs de ses conseillers politiques, tel Gleb Pavlovsky. Ils se sont répandus en interviews dans la presse ukrainienne pour mettre en garde contre le chef de l'opposition, décrit comme anti-russe. Reprenant de vieux thèmes de la propagande soviétique, ils en ont fait un nationaliste radical, entouré d'antisémites, héritier de ces « bandes terroristes pro-nazies » de l'armée clandestine qui, dans l'Ouest de l'Ukraine, ont combattu la soviétisation jusqu'au milieu des années 1950.

Le Kremlin ne veut pas de Viktor Iouchtchenko. Il a tout fait pour ressusciter l'image d'une Ukraine et d'une Russie « unies » comme deux « frères slaves », occultant le fait que, depuis quatorze ans, beaucoup d'eau a coulé sous les ponts du Dniepr et que l'Ukraine, silencieusement mais irrémédiablement, n'a cessé de s'éloigner de Moscou. Pour la Russie, l'enjeu est d'importance. Il s'agit de faire revenir l'Ukraine dans son giron. Sans l'Ukraine, la Russie n'est qu'une puissance moyenne. Certes, elle a du pétrole et l'arme atomique. Mais elle a le PIB des Pays-Bas, et elle est moins peuplée que la France et l'Allemagne réunies. Comment, dès lors, conserver la maîtrise de son immense territoire, sans parler de le développer ? Gorbatchev affirmait déjà que la Russie sans l'Ukraine est « un homme qui perd une jambe ».

Avec les 47 millions d'Ukrainiens, le potentiel industriel et agricole de ce pays, le port militaire de Sébastopol, Moscou peut espérer revenir parmi les grandes puissances. Voilà pourquoi Vladimir Poutine travaille à construire une union à quatre avec la Russie, l'Ukraine, le Kazakhstan et la Biélorussie. Sur le modèle de l'Union européenne, elle commence par une union douanière, et prévoit une monnaie commune et une intégration politique. Mais elle est dominée par la Russie, qui y garde un poids prépondérant. Léonid Koutchma en a accepté le principe, qui doit se concrétiser au lendemain des élections.

Il faut dire également que la Russie conserve une relation particulière avec l'Ukraine, dont elle peine à accepter l'indépendance. À parler avec des Russes, on pourrait croire que l'Ukraine est une région certes dotée de particularismes, mais que seul un accident historique aurait conduit à s'émanciper. Vue de Moscou, en effet, l'Ukraine est à la fois la mère et la sœur cadette de la Russie actuelle. Les historiens russes font de Kiev le premier foyer de développement de leur culture. C'est en Ukraine, en 988, qu'a eu lieu le baptême des Slaves de l'Est. Jusqu'à la ruine de Kiev, détruite par la Horde d'or en 1240, la ville exerçait son influence sur un vaste territoire quand Moscou n'était encore qu'une petite ville au milieu des forêts. Après l'invasion mongole, le siège du patriarcat orthodoxe est transféré à Moscou, qui commence à peine à se développer. De là vient un certain discours russe qui nie le fait national ukrainien, minimise la différence linguistique, l'existence d'une culture propre et d'une histoire distincte.

Ce discours est d'ailleurs souvent repris, sans beaucoup d'esprit critique, par des analystes français. Ainsi Alexandre Adler écrit-il dans *le Figaro*, dans les premiers jours de la révolution orange : « L'Ukraine n'existe pas réellement. L'identité ukrainienne, légèrement distincte sur le plan linguistique, est une variante de l'identité russe et non véritablement une nationalité constituée qui s'interposerait durablement entre Russie, Pologne et Slaves du Sud. C'est un semi-État*. » Alexandre Adler parle-t-il couramment

* *Le Figaro*, 24 novembre 2004.

l'ukrainien ? En ce cas, il aura pu mesurer l'étendue de l'expression « légèrement distincte »... En réalité, un russophone qui écoute un programme ukrainien à la radio ne comprend pas davantage qu'un Français à qui on parle portugais. Ce jugement péremptoire épouse en fait une certaine vision russe qui nie à l'Ukraine toute histoire et toute culture propres, de façon à mieux l'incorporer dans les grandes « terres russes ». Cette vision écarte le fait qu'en 1917, déjà, l'Ukraine a tenté de prendre son indépendance. C'est par la guerre que les Bolcheviques l'en ont empêchée. Elle écarte aussi l'effet de la grande famine artificielle imposée par Staline en 1933, qui a fait mourir de quatre à sept millions de paysans ukrainiens, alors que les greniers à blé étaient pleins. Et elle écarte encore le souvenir des répressions contre l'Église grecque-catholique dans l'Ouest de l'Ukraine, après la Seconde Guerre mondiale.

À cette mémoire russe qui nie le fait ukrainien, une bonne part des Ukrainiens en oppose une autre, qui fait de leur pays une ancienne colonie de la Russie, intégrée par une duperie dans l'empire en 1654 et conservée par la force. La querelle entre historiens ukrainiens et historiens russes n'a cessé de se développer depuis l'indépendance de l'Ukraine. Elle illustre la profondeur du contentieux. Comment, dès lors, ces deux voisins pourraient-ils facilement trouver un langage commun ?

Cette ambition russe à récupérer l'Ukraine explique en tout cas la précipitation de Vladimir Poutine à reconnaître les résultats de l'élection controversée. Il n'attend pas pour féliciter Viktor Ianoukovitch. Il le fait au lendemain du second tour, avant même la proclamation du résultat officiel. Tandis qu'à Kiev la foule vêtue d'orange se masse sur la place de l'Indépendance, le porte-parole du Kremlin, Alexeï Gromov, annonce que le Président russe, depuis le Brésil où il est en visite officielle, a téléphoné à Viktor Ianoukovitch. « Il a été souligné que la lutte a été tendue mais ouverte et honnête, et la victoire convaincante », dit-il.

Le résultat officiel est proclamé le mercredi 24 novembre. Il donne la victoire définitive à Viktor Ianoukovitch. Et Vladimir Poutine renouvelle ses félicitations, cette fois par un télégramme. En félicitant d'emblée le « vainqueur », Vladimir Poutine retrouve des réflexes du temps de la guerre froide. À cette époque, une déclaration péremptoire du Kremlin suffisait à tracer une ligne au-delà de laquelle les Occidentaux savaient qu'ils ne pourraient plus agir.

Mais les temps ont changé. Cette fois, la machine diplomatique européenne se met en route. Lentement, mais avec une fermeté qui n'a pas toujours été la sienne. Ce sont les Pays-Bas qui exercent, à ce moment-là, la présidence semestrielle de l'Union. Le lundi, Bernard Bot, ministre néerlandais des Affaires étrangères, s'exprimant au nom de l'UE, dénonce les fraudes et affirme : « Nous n'acceptons pas ces résultats. » Le mercredi, Javier Solana, Haut Représentant pour la politique étrangère de l'UE, appelle les autorités ukrainiennes à « revoir la procédure électorale pour que la volonté du peuple ukrainien soit respectée ».

Le lendemain doit avoir lieu le sommet entre l'Union européenne et la Russie à La Haye, et la question ukrainienne est propulsée au centre des discussions. Initialement, la Russie et l'Union européenne devaient signer un accord de partenariat global. La signature est repoussée alors que, lors de la conférence de presse finale, la confrontation entre Vladimir Poutine et le Premier ministre néerlandais s'exprime au grand jour. Le Président russe déclare que le résultat de l'élection ukrainienne est « transparent » et critique « ceux qui veulent pousser un État européen à des désordres de grande ampleur ». Le Premier ministre néerlandais, Jan Peter Balkenende, estime que ce résultat « ne reflète pas la volonté du peuple ukrainien » et demande une solution politique et pacifique.

Cette fermeté européenne est en partie due à l'influence américaine. Les États-Unis, retrouvant eux aussi les accents de la guerre froide, ont en effet affirmé que le résultat de la présidentielle était « illégitime ». À leur suite, l'Otan a exigé une « révision du résultat ». Mais cette fermeté nouvelle tient aussi au fait que l'Union européenne s'est élargie. À l'intérieur de l'UE, les nouveaux membres de l'Europe centrale pèsent en faveur d'une expression plus nette sur la crise ukrainienne. Les pays baltes et la Pologne ont souffert de la domination soviétique. Ils veulent éviter que ne se reconstitue une puissante union aux ambitions impérialistes, sur leur flanc oriental. Ils sont donc attentifs à contenir la Russie dans ses frontières et veulent tendre la main au mouvement démocratique ukrainien. Ils le voient comme un écho des mouvements de 1989, qui ont permis à l'Europe centrale de se débarrasser du joug soviétique. Le rapide départ pour Kiev de Lech Walesa, l'ancien électricien de Gdansk devenu le premier président de la Pologne post-communiste, souligne ce parallèle. L'ancien chef de Solidarité est accueilli avec enthousiasme place de l'Indépendance, aux côtés de Viktor Iouchtchenko.

Entre la poussée américaine et celle des nouvelles démocraties de l'Europe centrale, l'Union est contrainte de s'engager bien au-delà de ce qu'elle a fait en d'autres occasions. Mais la France n'est pas aux avant-postes de cette mobilisation, loin s'en faut. Tandis que la presse française accorde une large place aux manifestations, les responsables politiques tardent à s'exprimer. Il faut attendre le mardi pour que le porte-parole du quai d'Orsay exprime « de sérieux doutes sur la sincérité des résultats » des élections ukrainiennes. Quant à Jacques Chirac, ce n'est que le vendredi 26, depuis Ouagadougou, où il assiste au sommet des pays francophones, qu'il a un mot pour l'Ukraine. Dans un entretien à RFI et TV5, il reconnaît que les élections n'ont pas été « tout à fait nettes ». Il souhaite « qu'un accord politique puisse intervenir » pour « éviter un drame dont l'Ukraine n'a vraiment pas besoin ». On a connu Chirac plus vigoureux dans ses condamnations. Est-ce l'éloignement ? La méconnaissance du dossier ? Ou bien est-ce dû au fait qu'il ne croit pas aux chances de l'opposition ukrainienne ?

Un des conseillers du Président avec qui j'ai pu évoquer le sujet explique ainsi, sous couvert d'anonymat, le retard de Jacques Chirac : « La veille, le Président était chez le colonel Khadafi. Il était reçu sous la tente, dans le désert. Lors de la conférence de presse qui a suivi, les journalistes ont voulu savoir comment s'était passée la rencontre, ce qu'ils avaient mangé... Nous avons vainement attendu une question sur l'Ukraine. Ce n'est que le lendemain, à Ouagadougou, qu'une autre occasion s'est présentée. Pour être sûrs que le sujet viendrait, nous sommes allés voir les journalistes en leur demandant de poser une question sur l'Ukraine. » À quoi tient, parfois, l'affirmation internationale de la quatrième puissance du monde...

L'anecdote, cependant, n'explique pas tout. Il existe une vraie réticence, chez une partie de ceux qui conçoivent la politique étrangère de la France, à s'opposer à la Russie dans ce que l'on considère comme sa zone naturelle d'influence. Ce même conseiller élyséen le dit : « Pour nous, il s'agit que l'Ukraine soit un pays stable, que la démocratie s'installe. » Mais la France « ne veut pas alimenter la vision russe qui voit l'Union européenne comme voulant lui arracher des pans de son empire ». Il dissimule à peine son agacement devant les initiatives polonaises qui demandent déjà que l'Union européenne s'ouvre à l'Ukraine. Vus de France, les élargissements déjà programmés suffisent amplement à la tâche : la Roumanie, la Bulgarie, les Balkans. Et puis il y a la Turquie qui toque à la porte, et dont la seule évocation divise la majorité. À l'Élysée, on n'a pas envie de se compliquer la tâche en ajoutant l'Ukraine à la liste.

Voilà pourquoi on ne fait, à Paris, aucune difficulté pour admettre, à l'instar du député René André (UMP), que « la Russie possède des intérêts traditionnels et légitimes à défendre en Ukraine ». Au fond, la France demeure prisonnière d'une diplomatie gaullienne qui reconnaît aux grands pays un rôle dans leurs anciens empires et fait de Moscou un allié traditionnel pour contrer l'influence américaine. Aujourd'hui, cette vision entre en conflit avec l'autre grand choix de la diplomatie française, celui d'agir au sein de l'Union européenne. Mais le moment n'est pas encore venu où il faudra choisir entre Bruxelles et Moscou. Pour l'heure, la diplomatie française se contente de soutenir les initiatives européennes en faveur de l'opposition ukrainienne, tout en restant, à Paris, *mezzo voce* sur le sujet.

SUPER
FELT HIGH BOOT
100 $

5
Quelques pas vers le pouvoir

Accélérer ou ralentir. Imposer au camp d'en face un coup décisif ou temporiser pour l'emporter pacifiquement. C'est le choix devant lequel se trouve, dès les premières heures de la révolution, la direction de l'opposition ukrainienne. Évidemment, elle est partagée. D'un côté, une aile dure veut aller de l'avant, profiter de l'arrivée des provinciaux, qui a massé dans la rue plusieurs centaines de milliers de manifestants, pour prendre les bâtiments officiels, proclamer la victoire de Iouchtchenko et installer un nouveau pouvoir. C'est la stratégie de Julia Timochenko, l'égérie de la révolution. Mais ce n'est pas celle qui a la préférence de Viktor Iouchtchenko. Le candidat demeure un légaliste et un pacifiste. Il est conscient que des zones entières du pays n'ont pas voté pour lui, et qu'il serait facile au pouvoir, en cas de coup de force de l'opposition, de proclamer l'état d'urgence et d'engager la répression. Avec le risque d'une guerre civile. Il estime donc que la rue doit continuer à matérialiser la protestation, mais que le combat principal doit être conduit au sein des institutions. Il veut ainsi, le mardi matin, au surlendemain du scrutin, faire voter au Parlement une motion qui condamne la commission électorale. Mais le camp du pouvoir préfère jouer la politique de la chaise vide. Alors, ce jour-là, la révolution orange passe pour la première fois très près d'une confrontation violente.

Les élus de l'opposition ont obtenu la convocation de l'Assemblée nationale, la Rada. Ils veulent faire basculer le Parlement du côté des manifestants. Mais, conscients du danger, les partis pro-pouvoir choisissent de boycotter le débat. En fin d'après-midi, dans le Parlement déserté par les députés pro-Koutchma, l'opposition doit constater que le *corum* n'est pas atteint. Il ne sera pas possible de voter quoi que ce soit. L'aile dure convainc Viktor Iouchtchenko, dans l'improvisation du moment, de se proclamer élu et de prêter serment comme nouveau président de l'Ukraine. Il le fait, dans la fièvre et la précipitation, devant une centaine de députés, écharpe orange au cou. Plus tard, se rendant compte qu'il est allé trop loin, il parlera d'un « geste symbolique » mais, pour les plus radicaux, il est devenu Président et doit prendre possession du pouvoir.

Le soir même, Julia Timochenko conduit la foule jusqu'aux portes de l'administration présidentielle dans une atmosphère survoltée. D'importants cordons d'*omons*, les policiers chargés du maintien de l'ordre, barrent tous les accès, derrière des haies métalliques. Ils ont prévu le renfort de camions remplis de sable. Les manifestants, dans une ambiance encore joyeuse mais tendue, font face aux haies de policiers casqués et masqués. La tension est à son comble lorsque les camions tentent de manœuvrer. Les jeunes du mouvement Pora se couchent sur la chaussée. La foule pousse les cordons de police. Le moindre incident pourrait déclencher les violences. Pora, d'ailleurs, s'y est préparé : « Nous étions prêts pour prendre le palais présidentiel, si cela s'était avéré nécessaire, indique Andreï Rojniatovski, un des chefs de cette organisation. Nous avions une colonne de sept cents jeunes volontaires. Ils n'étaient pas armés, mais avaient reçu des masques à gaz. Ils devaient rentrer à l'intérieur, crier à ceux qui gardaient le bâtiment de ne pas tirer, s'efforcer de progresser pour fraterniser avec la garde. »

Parmi eux, plusieurs jeunes filles de dix-huit ans à peine, prêtes à passer au premier rang. Par souci de légalité, c'est un député qui devait le premier ouvrir la porte du bâtiment. Aucun ne l'a fait. C'est qu'une information inquiétante circule. Elle affirme que le bâtiment est gardé par des forces spéciales venues de Russie. Julia Timochenko hésite. Juchée sur un camion de sable, elle crie en direction des *omons* : « La police avec nous. » Puis elle parvient à entrer avec un petit groupe à l'intérieur du bâtiment. Qu'y voit-elle ? Elle ne le dit pas en sortant, mais annonce que « Léonid Koutchma est prêt à négocier ».

En fait, Julia Timochenko n'a pas vu le Président à l'intérieur du bâtiment. Elle a simplement appris, par un appel reçu sur son téléphone portable, que Léonid Koutchma a déclaré à quelques journalistes qu'il veut résoudre la crise par des discussions. Le président se trouve toujours dans sa datcha de Konche Zaspa. Mais la Lady orange annonce cela comme si elle avait arraché elle-même cette promesse, ce qui a pour effet de calmer les manifestants. Et d'installer un peu plus Julia Timochenko dans ce rôle qu'elle affectionne : celui de *passionaria* de la révolution. La tension baisse un peu. Les jeunes volontaires de Pora piquent des fleurs orange dans les boucliers des *omons*. Quelques militants trentenaires connaissent en effet leurs classiques. Ils savent qu'une révolution se nourrit de symboles. Ils s'attachent à créer des images qui frappent et rappellent la révolution des Œillets au Portugal.

L'opposition décide d'un blocus du bâtiment. Des policiers interdisent l'accès de l'administration présidentielle. Mais les manifestants, se tenant par le coude, créent un cordon étanche qui maintient la foule à une dizaine de mètres en retrait, afin de réduire le risque d'une provocation. Les organisateurs ont retenu la leçon de l'affaire Gongadze. Ils installent des bus de ville, garés sur le trottoir, devant toutes les portes d'immeubles qui permettent d'accéder à cette rue. Le face-à-face, qui va durer plusieurs semaines, s'organise. D'un côté, les policiers qui gardent le bâtiment présidentiel déserté, et qui n'est plus accessible que par un souterrain datant de l'époque où l'immeuble était le siège du Secrétariat général du parti communiste d'Ukraine. Ils demeurent là, muets, immobiles, gagnés par l'ennui. De l'autre côté, une foule enjouée, portant des drapeaux orange, qui a installé une cuisine mobile pour distribuer du thé chaud et de la soupe aux volontaires, qui se relaient jour et nuit. Des tentes surgissent ici aussi. On fait du feu sur le trottoir pour se réchauffer. On se masse autour d'un poste de radio : on écoute les nouvelles, on chante, on danse lorsqu'il y a de la musique. On se regroupe entre gens du même village, de la même ville. On se soutient, on s'encourage. La foule ne s'est pas emparée de force de l'immeuble, elle l'a mis sous séquestre, démontrant qu'elle a le contrôle du centre de Kiev.

En contrebas, plusieurs dizaines de milliers de personnes participent à la manifestation permanente de la place de l'Indépendance. Ils sont même plusieurs centaines de milliers, le soir, à l'heure des grands discours et des concerts de rock. Ils agitent des drapeaux en rythme, tiennent des bougies. Les filles ont noué des rubans orange dans leurs nattes, les hommes les portent au bras, au front, autour des chevilles. L'imagination se déchaîne. Certains arborent des peluches orange, d'autres des masques, des chapeaux. Ils ressemblent à des supporters de foot un soir de finale. D'autres encore portent des pancartes avec des slogans de leur création : « Dehors la bande », « La ville de Poltava est avec vous », « La prison pour les bandits », « La liberté ne se rendra pas »... Au milieu des bannières orange, beaucoup de drapeaux géorgiens et biélorusses. Ceux qui les portent ont fait le voyage exprès, ils considèrent que cette révolution est aussi la leur, car elle exprime le refus de la mainmise de Moscou sur les anciennes républiques devenues indépendantes.

Durant ces longues journées à occuper la rue, la révolution invente son folklore et ses rituels. Chacun appose sa signature sur le mur de la poste centrale. On se photographie, on scande « Iouch-tchen-ko » ou bien *« Razom nas bagato, nas ne podolato »* (« Nous sommes nombreux, on ne peut nous briser »). Un jour, la femme de Viktor Ianoukovitch déclare que les manifestants de Kiev agissent sous l'emprise de la drogue car ils ont reçu de la part des Américains des « oranges emplies de narcotiques ». Le lendemain, en guise de réponse, les manifestants exhibent des oranges où sont fichées des seringues portant le signe du dollar. Les caricatures fleurissent, accompagnées de poèmes satiriques. On y voit Ianoukovitch qui dit : « Je me dépêche d'aller place de l'Indépendance chercher des oranges »... Ou Vladimir Poutine qui déclare : « Ayant mis le peuple à l'horizontale, on va créer la verticale du pouvoir. »

Dans le camp de tentes, un sapin de Noël – orange – a été installé. On coupe du bois pour nourrir de petits poêles. Une fumée blanche monte au-dessus de ce campement sauvage en plein centre-ville. On dirait une grande kermesse populaire. Chaque tente porte le nom d'une ville, d'une corporation, d'une entreprise. L'une abrite les employés du journal *Sevodnia*, pourtant propriété d'un oligarque qui soutient Ianoukovitch. Le personnel de la rédaction s'y relaie. « On vient trois heures tous les soirs en sortant du travail, raconte une secrétaire de rédaction enfouie jusqu'aux yeux dans son duvet. Ensuite, des collègues masculins viendront passer ici toute la nuit. » En attendant, elles sont trois ici qui bavardent et boivent du thé pour se réchauffer. Chacun mange ce qu'il a apporté. Des repas sont aussi préparés sur place par des volontaires et distribués gratuitement. C'est un grand pique-nique dans la neige, un pique-nique sans fin... La foule circule en tous sens autour du camp. Les petits marchands de la place de l'Indépendance ont vite fait de s'adapter. Il ne leur a fallu que quelques jours pour mettre en vente des bonnets orange, des écharpes, des tasses, des disques pirates avec les chansons de la révolution... Et même des bouteilles de vodka dont l'étiquette porte le slogan de Iouchtchenko : « Tak ! »

Alla, dix-huit ans, est venue à Kiev défendre son bulletin de vote. Elle est assise par terre, près d'un vieux bidon où brûlent quelques planches. Elle est arrivée en autobus, la veille, en compagnie d'étudiants de son université. Elle vient d'Ostrog, une ville de 14 000 habitants, dans la région de Rivno, dans l'Ouest de l'Ukraine. Là-bas, il n'y a pas de travail, les salaires sont bas. Un vieux château domine la cité. C'est là que fut imprimée la plus ancienne Bible ukrainienne connue. Bonnet enfoncé jusqu'aux yeux, épais manteau, Alla explique : « Je suis sûre qu'à la fin tout ira bien, que Iouchtchenko va gagner. C'est un humaniste. Il incarne le peuple. Il fera tout son possible pour développer l'économie. Ianoukovitch veut s'imposer par la fraude. Je ne veux pas que l'on me vole ma voix. » Ruban orange au bras, elle passera toute la journée sur la place, à côté de laquelle une centaine d'étudiants de sa ville ont planté des tentes. Puis elle ira dormir chez des Kiéviens qui ont ouvert leurs portes aux manifestants de province. « Ils nous aident. Ils nous accueillent bien. »

Pour Alla, Viktor Ianoukovitch représente un retour vers l'époque soviétique et une soumission aux intérêts de la Russie. « Il est un pion dans les mains de Vladimir Poutine, qui veut remettre la main sur l'Ukraine. » Elle pense que, s'il s'impose, il installera un régime autoritaire et ne laissera plus l'occasion aux Ukrainiens de s'opposer à ses projets. Venue remplacer des camarades qui sont rentrés, elle raconte que ses parents l'ont encouragée. « Ma mère m'a dit de ne revenir à la maison qu'avec la victoire », dit-elle en riant. Elle raconte également que les professeurs de l'université sont avec les étudiants : « Ils vont retarder les examens pour que l'on ne soit pas pénalisés. » Elle se prépare à être documentaliste et parle un parfait ukrainien. Elle est joyeuse et déterminée. Pour elle, l'Ukraine est européenne. Elle sera là « jusqu'au bout ».

La foule fait preuve d'un impressionnant sens de l'autodiscipline. Et c'est vrai que de nombreux habitants de Kiev apportent de l'aide. Ils seront plus de 35 000, durant ces journées, à proposer d'accueillir chez eux des provinciaux, afin qu'ils puissent se reposer quelques heures. D'autres apportent des vêtements chauds. Les commerçants font des prix sur la nourriture. Ils rechargent gratuitement les téléphones mobiles. Un gymnase ouvre ses salles de douches. Au ZUM, le grand magasin situé sur l'avenue Krechtchiatik, les manifestants font la queue pour acheter des chaussettes en laine, avant de retourner tenir la place.

Débordés, les organisateurs de la manifestation tentent de faire face aux principaux besoins. Des médecins volontaires organisent sous les tentes des points de consultation gratuits. Un bulletin photocopié fait circuler quelques nouvelles. La Maison de l'Ukraine, ancien musée Lénine, sert de point de ralliement aux provinciaux. Dans cet imposant bâtiment, au bout de l'avenue Krechtchiatik, tous les manifestants peuvent venir se reposer quelques heures, de jour comme de nuit. Ceux qui ont des places dans leur voiture et partent en province peuvent laisser une petite annonce sur un mur. Toutes ces actions sont coordonnées par l'état-major de l'opposition, en particulier par le député Roman Bezsmertny, aidé de Stetskiv, Filenko, et Lutsenko. Mais beaucoup d'initiatives spontanées viennent se greffer sur la manifestation. Vladimir, par exemple, distribue aux passants une revue de presse des quotidiens étrangers traduite en ukrainien. « C'est pour que les gens sachent ce qu'on écrit sur eux dans la presse étrangère, pour qu'ils se rendent compte de l'impact de ce qu'ils font. Cela peut aider à leur donner du courage », explique-t-il. Il réalise cette revue de presse chez lui, en regardant les journaux étrangers sur Internet puis en faisant des photocopies à son travail. Il fait cela de sa propre initiative. « Je ne suis pas politisé, dit-il. Mais j'ai voulu être utile. Je veux être dirigé par un Président normal et pas par un bandit. »

Le quartier général de la révolution s'est installé dans la Maison des syndicats, dont les fenêtres donnent sur la place. Devant la porte, une chaîne humaine filtre les entrées. Les volontaires ont les épaules couvertes d'une bâche en plastique orange qui forme une sorte de poncho rudimentaire. Dans les escaliers, c'est un va-et-vient constant. La file de ceux qui vont tenir la place, dans le froid, croise celle de ceux qui viennent se reposer quelques heures, secouant leur manteau où s'accroche de la neige, avant de s'affaler sur les fauteuils d'une salle de réunion transformée en dortoir. Le deuxième étage abrite le Comité de salut national, l'instance de direction de l'opposition. Derrière une porte vitrée gardée par trois ou quatre volontaires non armés, portant un simple badge sur la poitrine, une vingtaine de bureaux minuscules ont été réquisitionnés. Les réunions s'y succèdent toute la nuit autour de Viktor Iouchtchenko, de Julia Timochenko et de leurs proches. De discrets émissaires arrivent et repartent furtivement. Parmi eux, quelques représentants des forces de l'ordre qui viennent assurer les chefs de l'opposition de leur neutralité. Certains font ensuite un détour par le podium de la place de l'Indépendance d'où ils s'adressent à la foule pour proclamer qu'ils n'obéiront pas aux ordres s'il leur est demandé de tirer sur la foule. « Nous avons prêté serment à l'Ukraine, pas à son Président », dit l'un d'eux, qui se présente à la foule en uniforme, poitrine bardée de médailles, et remporte un tonnerre d'applaudissements.

Tous les soirs, les principaux chefs de l'opposition s'adressent aux manifestants. Ils ne cessent de marteler le caractère fondateur des événements en cours. Il s'agit d'éviter les débordements, mais en même temps de poser des fondations pour l'avenir. « Dans la foule, je vois beaucoup d'enfants, et c'est une bonne chose car ils se souviendront de ce moment et le raconteront eux-mêmes à leurs propres enfants », déclare Julia Timochenko, à l'applaudimètre l'une des figures les plus populaires du mouvement.

La protestation a conquis la rue. Elle gagne bientôt la télévision. Le mercredi 24 novembre, quatrième jour de la révolution, Natalia Dmytrouk se révolte en direct. Elle est traductrice pour les sourds et les malentendants du journal télévisé de YT-I, la grande chaîne nationale. Alors que le présentateur annonce les résultats des élections, elle change la traduction. Ses gestes disent : « Les résultats de la commission électorale sont falsifiés. Ne les croyez pas. Notre Président est Iouchtchenko. Je regrette d'avoir dû vous traduire des choses qui ne correspondent pas à la réalité. Je ne sais pas si l'on se reverra, vous et moi. » Aussitôt après ce coup d'éclat, elle rejoint les manifestants. C'est un acte de révolte individuel. Mais toutes les rédactions vivent la même tension. Les journalistes n'en peuvent plus de fermer les yeux sur ce qui se passe. Déjà, entre les deux tours, des pétitions ont commencé à circuler dans les rédactions pour appeler à une couverture plus équilibrée de la campagne.

Le mercredi soir, les journalistes se mettent en grève. Les unes après les autres, les chaînes nationales cessent de diffuser des journaux d'information, ce qui constitue, pour les parties les plus reculées du pays, le premier signe tangible qu'il se passe véritablement quelque chose en Ukraine. La confrontation entre les journalistes et leur direction dure vingt-quatre heures. Puis la direction deYT-I cède. Elle accepte la première un compromis. Il est convenu que le journal télévisé rendra compte de la position des deux camps en présence. Jusque-là, aucun envoyé spécial n'était allé sur la place de l'Indépendance. Désormais, les reportages sur la protestation orange jouxteront les déclarations de membres du gouvernement. Les autres grandes chaînes privées emboîtent le pas. La révolution apparaît sur les écrans de télévision, et son message de colère festive, de ras-le-bol pacifique, se répand dans tout le pays.

Passé ce bras de fer, une étrange situation règne dans les couloirs de la télévision nationale. Les rédacteurs en chef sont sous la surveillance des journalistes, qui n'ont plus peur de parler. « Nous sommes en partie responsables de la crise actuelle, estime Olga Skotnikova, journaliste politique à YT-I. À cause de nous, les Ukrainiens ont été mal informés durant plusieurs années, et cela a accentué l'incompréhension dans le pays. » Elle raconte comment, de petite défaite en minuscule recul, elle s'est trouvée depuis trois ans à travailler pour un journal télévisé de propagande. « Nous recevions d'on ne sait où des commentaires pré-écrits par on ne sait qui. Il fallait les lire sur des images. Ou bien nous avions la consigne de ne tendre notre micro qu'à tel ou tel député. » Ces consignes sont apparues après l'affaire Gongadze. Avant, la télévision était peu professionnelle. Ensuite, elle est devenue contrôlée, selon elle. Les consignes arrivaient quotidiennement aux rédacteurs en chefs des grands médias par courrier électronique. Elles listaient les événements du jour et apportaient un commentaire : ne pas traiter tel événement, mettre en valeur tel autre, faire parler tel député, présenter tel autre comme un nationaliste. Il semble que ces *temnyks* (littéralement les « thèmes du jour ») provenaient de l'administration présidentielle, au nom de la « politique unifiée d'information ». Mais personne ne savait qui en étaient les véritables auteurs. Il n'empêche qu'elles étaient suivies à la lettre.

Un peu mal à l'aise, le rédacteur en chef de permanence à YT-I, Artiom Petrenko, minimise le rôle des *temnyks*, qu'il présente comme « de simples communiqués de presse ». Il confirme que, depuis le début des manifestations, il n'en reçoit plus, et il se dit heureux de la situation nouvelle, qui va permettre de « travailler de façon plus professionnelle ».

Ce basculement de la télévision est la première victoire du mouvement de protestation. Une deuxième victoire est remportée au même moment sur le terrain judiciaire. Soucieux de réunir les preuves des fraudes à venir, l'état-major de Viktor Iouchtchenko a mobilisé ses partisans pour envoyer des dizaines de milliers de scrutateurs dans tout le pays le jour du scrutin. Les preuves des fraudes les plus manifestes ont été rassemblées en quelques jours, au prix d'un travail de forçat, et présentées aussitôt devant la Cour suprême, la plus haute instance judiciaire du pays, par un groupe d'avocats qui travaille pour l'opposition.

Une sourde bataille se déroule alors en coulisses. Viktor Ianoukovitch fait pression sur la commission électorale pour qu'elle le proclame rapidement Président, afin qu'il puisse prêter serment et prendre en main les leviers du pouvoir. En attendant, il continue d'exercer ses fonctions de Premier ministre. Le mardi soir, sortant d'une réunion, il a simplement jeté aux journalistes : « Il ne se passe rien d'inhabituel. » Le lendemain, il s'est laissé filmer le visage calme, en pleine réunion avec quelques ministres, disant : « La situation n'a pas un caractère d'urgence. Nous n'avons rien fait qui mérite ces protestations. Les retraites sont payées. Il y a de l'énergie en abondance et les salaires sont versés... » Mais la proclamation définitive des résultats traîne en longueur.

Le mercredi 24 novembre, la commission électorale annonce la victoire de Viktor Ianoukovitch, en dépit du fait que deux de ses quinze membres refusent de signer le procès-verbal. Il est alors très proche de la victoire. Il ne le sera jamais davantage. La procédure prévoit que les résultats soient publiés au journal officiel, avant que le nouveau Président prête serment. Mais, faisant droit à la plainte présentée par les avocats de Viktor Iouchtchenko, la Cour suprême suspend la publication des résultats. Elle annonce qu'elle va examiner les preuves de fraudes présentées par l'opposition. La marche de Viktor Ianoukovitch vers le pouvoir est arrêtée par quelques juges. Il y a désormais trois présidents en Ukraine. La protestation de la rue n'est pas près de s'essouffler. La discussion proposée en début de semaine par Léonid Koutchma a tourné court. Viktor Ianoukovitch, lui, s'estime vainqueur et perd patience. Au terme de cette première semaine, la révolution orange a marqué des points. Mais la situation est dangereusement bloquée.

6
Le vent d'Amérique

Et si tout cela n'était que du théâtre ? Et si la révolution n'était que le produit d'une grande manipulation ? L'hypothèse peut séduire. C'est d'ailleurs la vision qu'en donne la Russie, alors qu'il devient clair que la révolution est partie pour durer. Vladimir Poutine lui-même, lors de sa grande conférence de presse annuelle, fin décembre, lorsqu'il est interrogé sur l'Ukraine, s'agace devant « l'apparition de systèmes de *révolutions permanentes*, qu'elles soient roses ou bleues ». Un peu plus tard, questionné par une journaliste géorgienne, il la renvoie dans les cordes avec une de ces remarques sèches qui lui échappent lorsqu'il est touché à vif : « Vous établissez un lien entre la direction géorgienne et l'Ouest. Est-ce à dire que leurs salaires sont versés par Soros ? »

George Soros, le spéculateur philanthrope. Juif hongrois ayant échappé à l'Holocauste, il est devenu milliardaire aux États-Unis dans les années 1980, en jouant contre la livre sterling ou le franc. Quand les changements sont intervenus en Europe centrale, il a créé un réseau de fondations pour soutenir l'éducation et la société civile. Il a dépensé des millions de dollars pour créer une université en Hongrie, équiper de connexions Internet des universités de Sibérie, maintenir la tête hors de l'eau à des journaux d'opposition un peu partout, et entretenir une myriade d'associations faisant la promotion de la démocratie. Il est devenu la bête noire du Kremlin. Au temps de Boris Eltsine, il y était reçu à l'égal d'un président. Mais, depuis que le siège du pouvoir est occupé par un ancien officier du KGB, George Soros incarne le nouveau visage de l'ennemi.

À l'époque communiste, l'adversaire portait le masque d'un officier de la CIA. Aujourd'hui, il a celui d'un capitaliste qui inocule le virus démocratique aux marges de la Russie afin de la déstabiliser. Derrière la révolution survenue en Géorgie, puis en Ukraine, les Russes voient la main de George Soros, voire du gouvernement américain. Ils pensent que les États-Unis poursuivent ainsi le combat engagé au temps de la guerre froide. C'est l'Ouest qui veut affaiblir la Russie, lui arracher, pan après pan, des morceaux de sa zone d'influence. C'est pourquoi l'argent occidental y suscite des révolutions. Ce que le Président russe ne peut dire plus clairement, des analystes ou des députés proches du Kremlin se chargent d'ailleurs de l'affirmer. « Nous sommes en présence d'une attaque de l'Ouest contre la Russie, contre son rôle dans l'espace post-soviétique », estime ainsi Alexei Pouchkov, analyste interviewé sur les ondes de la radio Échos de Moscou, fin novembre.

Cette thèse est largement partagée au sein des cercles du pouvoir russe. Mais pas seulement. En France aussi, cette vision rencontre un certain écho. Le reporter de *Paris-Match* qui arpente les manifestations estime par exemple que la spontanéité du mouvement ukrainien est « discutable ». Il décrit une

« foule aux émotions sans cesse travaillées », une « avant-garde étudiante préparant soigneusement l'avènement d'un dirigeant charismatique », quelques « concepts simples sous forme de slogans et de logos* ». *Le Monde diplomatique* délivre de son côté cette analyse : « Les manifestations de décembre doivent peu à la spontanéité et beaucoup à des organisations très intéressées**. » Ils ne sont pas si nombreux, les sujets qui peuvent réconcilier le *Diplo* et *Match*... À chaque fois, il s'agit de noter que la révolution orange avait été en partie préparée par un petit groupe de gens, de relever, par exemple, que les premières tentes déployées sur la place de l'Indépendance étaient toutes semblables, pour souligner la manipulation. Il s'agit aussi de noter les similitudes entre les révolutions pacifiques intervenues en Serbie et en Géorgie pour y voir la preuve d'un scénario écrit à l'avance.

La thèse du complot n'est pas loin. Et certains habitués ne prennent aucune précaution pour la brandir. L'infatigable Thierry Meyssan, après avoir douté des attentats du 11 septembre 2001, explique sur son site que la CIA a « salarié des milliers de cadres de l'opposition, formés aux manifestations de rue », et que cette révolution « la plus riche du monde » a été « conçue comme un spectacle pour les télévisions occidentales*** ». Il croit savoir que « 10 000 cadres de Pora ont été salariés 3 000 dollars par mois » pour mener à bien la révolution. Bigre...

De fait, à Belgrade et à Tbilissi comme à Kiev, il s'est trouvé un mouvement de jeunesse très organisé,

* *Paris-Match*, 2 décembre 2004, article de Michel Peyrard.

** *Le Monde diplomatique*, janvier 2005, article de Régis Gente et Laurent Rouy.

*** www.reseauvoltaire.net, « Ukraine : la rue contre le peuple », 29 novembre 2004.

ayant à chaque fois le même savoir-faire, et qui a servi d'avant-garde de la révolution. Il s'appelait Otpor (Résistance) en Serbie, Kmara (Assez) en Géorgie et Pora (Il est temps) en Ukraine. Il s'est trouvé aussi, à chaque fois, un soutien financier venu de l'Occident, dont une partie donnée par les fondations Soros mais aussi par Freedom House, une fondation dirigée par l'ancien patron de la CIA, James Woosley, Eurasia, Carnegie, ou bien par le National Républican Institute, affilié au Parti républicain et dont le président est John Mac Cain, poids lourd du parti, ou par son homologue démocrate le National Démocratic Institute, dirigé par Madeleine Albright, ex-secrétaire d'État de l'administration Clinton. Il s'est trouvé encore quelques ONG américaines comme Internews et Irex Pro Média qui ont formé des journalistes selon le standard occidental.

Est-ce suffisant pour conclure que ces révolutions ont été organisées de l'extérieur, voire manipulées depuis Washington ? C'est une explication simpliste. Au mois de décembre, en Russie, quand les articles se sont multipliés dans la presse pour dénoncer « l'argent américain » ayant financé la révolution orange, la polémique a rebondi aux États-Unis. Elle a été soulevée à la fois par des altermondialistes soupçonnant le gouvernement américain de vouloir exporter les valeurs néolibérales et par une certaine droite qui défend l'isolationnisme. Des parlementaires ont demandé une enquête du Congrès. Priée d'étaler des chiffres, l'administration Bush a alors indiqué avoir dépensé 65 millions de dollars durant les deux années précédentes pour aider des organisations politiques en Ukraine. Cet argent fut versé à travers l'ambassade et l'US Aid, ou par le biais de fondations. Mais, selon l'administration, il n'a pas servi à intervenir directement dans le processus électoral, seulement à soutenir la diffusion et l'enracinement d'une culture démocratique en Ukraine. Washington dément ainsi avoir versé de l'argent ayant servi à la campagne électorale de Notre Ukraine, mais indique que cet argent a servi à des actions « non-partisanes » telles que « la surveillance du vote, la mobilisation contre les abstentions, la formation de militants en milieu étudiant, la création de réseaux pour les ONG ».

De fait, les financements américains, mais aussi européens dans une moindre mesure, ont permis depuis dix ans l'apparition en Ukraine de centaines d'associations travaillant pour l'amélioration des lois, la liberté de la presse, des campagnes d'éducation civique, le respect des minorités*. Cette société civile, le moment venu, a contribué à mettre les Ukrainiens en mouvement. Le Comité des électeurs ukrainiens, par exemple, est l'une de ces associations les plus importantes. Employant quinze permanents dans ses bureaux de Kiev, il a été capable de réunir et former 12 000 observateurs ukrainiens indépendants qui se sont répartis dans les 34 000 bureaux de vote lors du second tour de la présidentielle. Les rapports sur les violations qu'ils ont pu produire faisaient partie des mieux documentés.

Le président du Comité des électeurs est un jeune juriste, Igor Popov. Costume à l'occidentale, langage efficace, il exhume d'une pile de papiers qui encombre son bureau le rapport financier de l'asso-

* L'auteur de ces lignes est membre fondateur de l'Institut des mass-médias (IMI), une association qui forme les journalistes ukrainiens et défend leur liberté de travail. Cette association a également bénéficié du soutien de la fondation Soros, comme de fonds européens.

ciation. Le budget de l'an passé fut d'un million d'euros, financé à 65 % par des fondations américaines et le reste par des organisations britanniques, allemandes, canadiennes, australiennes. « Oui, nous sommes le résultat des efforts américains pour la démocratisation de l'Ukraine, dit-il. Mais nous ne faisons pas la révolution. » Il insiste sur le fait que son association n'a pas été créée pour cette élection présidentielle. Elle existe depuis onze ans, a formé des observateurs pour toutes les élections ukrainiennes depuis sa création, mais aussi participé à une vingtaine de missions d'observation à l'étranger, dont celles de Palestine. « Bien sûr, cette élection est exceptionnelle, c'est une épreuve énorme », reconnaît-il. Il concède avoir fourni à l'état-major électoral de Viktor Iouchtchenko des éléments qui lui ont permis d'étayer sa plainte devant la Cour suprême pour contester la validité du scrutin, mais il se défend de travailler directement pour lui.

Le malentendu sur lequel repose la querelle entre Moscou et les Occidentaux est là. Pour ces derniers, financer la société civile n'est pas une ingérence ; pour Moscou, c'est une façon d'y combattre les relais traditionnels de l'influence russe. Il y a beaucoup d'hypocrisie dans cet échange. D'un côté, Moscou n'a pas hésité à soutenir son candidat de façon active. De l'autre, les Occidentaux étaient parfaitement conscients qu'en soutenant la démocratie dans le pays ils aidaient surtout l'opposition à se consolider.

Mais l'essentiel n'est pas là. Certes, les États-Unis ont consacré des moyens importants au soutien des ONG et des projets de toutes sortes destinés à enraciner une culture démocratique. Comme ils ont financé des programmes d'éducation, de santé, de développement économique. Tous ceux qui ont vu fonctionner ces fondations américaines ne peuvent qu'être impressionnés par leur capacité à débloquer rapidement des moyens importants, leur efficacité à faire en même temps la promotion des valeurs américaines, à offrir un cadre de travail et une méthodologie qui projettent une vision du monde... Mais il serait naïf de réduire ces fondations à de faux nez des services secrets américains. Si les États-Unis ont joué un rôle en Ukraine, c'est de façon multiple et diversifiée. Et ils ont acquis depuis longtemps une influence bien plus profonde sur les nouvelles élites de ce pays.

Dès l'indépendance de l'Ukraine, le pays fut considéré comme stratégique par les États-Unis. Ils lui consacraient une aide économique de 200 millions de dollars par an, soit la troisième enveloppe en importance après celles accordées à Israël et à l'Égypte. Les États-Unis ont également ouvert leurs universités à des étudiants ukrainiens dotés de bourses d'études, donné asile à la veuve du journaliste assassiné Gueorgui Gongadze, et fait entendre leur voix auprès des nouvelles autorités du pays par un mélange de pressions et de propositions d'aides. Les entreprises américaines, de Coca-Cola à Motorola, ont pris pied dans le pays. Cette présence américaine est bien visible à Kiev : dès le milieu des années 1990 est apparu un hebdomadaire en anglais, distribué gratuitement dans les restaurants et les boîtes de nuit. Il donne en dernière page les résultats des matchs de base-ball des championnats américains. Il annonce les programmes des salles de cinéma projetant des films américains non sous-titrés, destinés à la communauté des expatriés qui habitent la capitale et parmi lesquels les Américains sont, de loin, les plus nombreux.

Ainsi, les Américains peuvent facilement prétendre qu'ils n'ont pas directement financé la révolution orange. À peu de choses près, c'est exact. Cela n'a pas été nécessaire. Le coût de la révolution fut pris en charge, pour la plus grande part, par des businessmen locaux. Selon l'Institut des mass-médias, une ONG ukrainienne qui a publié les chiffres, la grande manifestation de la place de l'Indépendance a coûté environ trois millions de dollars. Une somme largement couverte par les 3,7 millions de dollars donnés par les Ukrainiens durant la révolution, selon les trésoriers de la coalition Notre Ukraine.

Il est également simpliste de penser que les leaders de la révolution orange étaient des marionnettes de la CIA. Parmi ceux qui furent à l'offensive se trouvait donc le groupe Pora. Il mérite qu'on s'y attarde car il fut l'un des ferments de la révolution. Comme Otpor en Serbie, cette organisation fonctionnait sans dirigeant visible, sans existence légale, diffusant ses mots d'ordre par Internet. Elle fut particulièrement efficace pour mobiliser la jeunesse avec ses drapeaux jaune citron, ses slogans provocateurs, ses autocollants qui ont soudain fleuri partout et ses interventions spectaculaires.

Durant toute la révolution, la direction de Pora avait installé son quartier général clandestin dans une arrière-salle d'un bar branché de l'avenue Krechtchiatik, la brasserie *Chatodefleur* (sic). Dans la salle principale, les serveuses pressées faisaient circuler des chopes de bières et rangeaient la monnaie dans leur ceinture en cuir ; des téléviseurs à écran plat diffusaient des vidéos de cascades en VTT, sur fond de musique techno. À l'extérieur, sur l'avenue, c'était la révolution. Mais, ici, la vie continuait comme à l'ordinaire. Car l'endroit est cher. Et aussi parce qu'il appartient à un oligarque proche de Léonid Koutchma. C'est pourtant ici, grâce à la complicité du gérant, que Pora a pu cacher du matériel et trouver un lieu de réunion, dans une pièce du premier étage, derrière une porte donnant sur une petite salle à manger privée. Quelques drapeaux au mur. Des ordinateurs sur une table. Des talkies-walkies en train d'être rechargés. Des chaises en désordre. Et, posés contre le mur, des sacs de couchage. Voilà avec quoi Pora a fait la révolution.

Tous les soirs, à 22 heures, les dirigeants se retrouvaient ici pour organiser les actions du lendemain. Un soir, après avoir longtemps apprivoisé un des dirigeants, j'ai pu être admis à l'un de ces rendez-vous semi-clandestins, avec pour seule obligation de ne pas intervenir et de ne pas prendre de notes. Il faut croire que le secret de ces rencontres avait tout de même été percé à jour puisque, dans la salle, un homme seul, âge moyen, cheveux courts, costume banal, assis de biais de façon à pouvoir observer la porte d'entrée, prenait des notes en faisant durer une bière…

J'allais donc me trouver ce soir-là devant l'équipe de sales gosses qui empêchaient Koutchma de dormir. Quatorze personnes, douze garçons pour deux filles, âgés d'une trentaine d'années, sont arrivés les uns après les autres. Ils se sont affalés sur les chaises sans quitter leur gros anorak ni l'oreillette de leur téléphone portable. Le coordinateur, Vladislav Kaskiv, silhouette lourde, cheveux longs sur le cou, regard fiévreux, avait bien le vocabulaire du chef, parlant de « structure opérative » et de « plan prévisionnel ».

Ce soir-là, au milieu des rigolades, il était question de préparer une liste noire de personnes à harceler (certains disaient même « terroriser »), en installant des piquets devant leur maison. La révolution avait déjà dix jours. La tension des premières heures était un peu retombée. Alors que Léonid Koutchma était attendu au Parlement le lendemain, il était question de le prendre au piège. « S'il trouve un chemin pour fuir, tant mieux pour lui. Mais on ne le laisse pas partir comme cela », assurait Vladislav Kaskiv, qui bénéficiait visiblement d'excellentes informations sur l'emploi du temps et le trajet que devait emprunter le chef de l'État.

Pora est né quelques mois plus tôt. On ne peut dire pour autant que l'organisation a été créée de toutes pièces depuis l'extérieur. Ceux qui ont conçu Pora et qui se trouvaient ce soir-là dans la pièce ne sont pas des nouveaux venus dans l'action politique. Au temps où ils étaient étudiants, en 1990, la plupart ont participé à une importante grève de la faim. Une action déjà très risquée à l'époque. Ils s'étaient installés dans un camp de tentes sur la place de l'Indépendance (qui ne portait pas encore ce nom) pour demander la démission du Premier ministre, la souveraineté de l'Ukraine et le statut de seule langue nationale pour l'ukrainien. Ensuite, ils ont participé au mouvement qui a suivi l'affaire Gongadze. Ils sont restés actifs dans de multiples associations parapolitiques. Ils ont des liens personnels avec bon nombre des membres de l'état-major de Iouchtchenko, qu'ils ont connus au temps des luttes étudiantes. « Depuis l'époque de la grève de la faim, nous sommes restés liés, raconte Andreï Rojniakovski. Entre nous, on s'était donné un surnom : *les vieilles marmites* (*stari bagniak*). Avant la révolution, beaucoup d'entre nous ont rendu leurs passeports étrangers, afin de ne pas pouvoir fuir. Nous irons jusqu'au bout, par respect pour le tombeau de nos pères et pour nos enfants. »

Pora, le groupe frondeur, avait donc à sa tête des gens animés par un nationalisme un peu romantique, puisant ses racines dans l'époque où ce sentiment était un crime puni par le pouvoir soviétique, des gens habitués à une certaine clandestinité, prêts à assumer une part de violence puisqu'ils s'étaient préparés à prendre la présidence, en cas de besoin. En même temps, ils étaient expérimentés, habitués à la lutte, réfléchissant en tacticiens.

Pora est clairement inspiré d'Otpor et de Kmara. En Serbie, Otpor a survécu sous la forme d'une organisation qui exporte son savoir-faire dans les pays étrangers. Le contact a été établi plusieurs mois auparavant avec Vladislav Kaskiv. Et l'idée de Pora est née au printemps précédent, avec le but de « sauvegarder les résultats du vote » lors de la présidentielle. En été, un camp de formation a été organisé en Crimée, dans un des multiples centres de vacances qu'abrite cette presqu'île du sud de l'Ukraine. Trois cent vingt personnes destinées à devenir de futurs « chefs de zones », venues de toute l'Ukraine, y ont participé. L'objectif était alors de recruter 35 000 volontaires pour la présidentielle. Ils n'étaient que 10 000 à 15 000 quand la révolution a commencé. Mais les événements ont ensuite fait affluer les volontaires.

Comme Otpor en Serbie, Pora s'est montré efficace pour participer à la lutte contre les fraudes électorales, mais aussi pour dévoiler la nature autoritaire du régime. Les jeunes activistes sont devenus la première cible de la répression. Beaucoup ont été renvoyés de l'université durant la campagne électorale. Quelques-uns ont été accusés de « violences à agent ». Les locaux de Pora ont subi des perquisitions musclées. Et, comme Otpor en Serbie, Pora a pu survivre à cette répression grâce à son organisation fluide, à son mode d'action décentralisé.

À la question de savoir qui a financé le développement de Pora, ses leaders répondent invariablement que l'argent est « venu d'une coalition d'ONG » et de « dons d'entrepreneurs privés » ayant décidé de les soutenir. En fait, le camp d'été a reçu de l'argent occidental, notamment de la fondation américaine Freedom House. Malgré cela, on ne peut dire que les jeunes activistes de Pora étaient manipulés, car l'organisation avait à sa tête un groupe de personnes politisées, sachant très bien ce qu'elles faisaient, quels risques elles prenaient et pourquoi. Les analyses qui insistent sur le rôle d'acteurs extérieurs dans la révolution ukrainienne négligent la volonté des Ukrainiens eux-mêmes. L'argent occidental a aidé à créer un cadre favorable, il n'a pas tout fait. Les changements ont été voulus, préparés par des Ukrainiens investis dans la politique depuis l'indépendance de l'Ukraine et que les événements ont placé à la tête de Pora ou de Notre Ukraine. Ils avaient entre trente et quarante ans, ils étaient peu nombreux mais décidés. Ils étaient prêts à assumer un risque personnel et des violences collectives pour arriver à des changements. Ils étaient mus par un certain nationalisme ukrainien et un rejet des pratiques du pouvoir en place. Et ils ont été suivis, au-delà de leurs espérances, par un grand nombre d'Ukrainiens exaspérés par la fraude électorale.

Quant à l'attitude des États-Unis durant la crise, elle a certes compté. Notamment parce que le secrétaire d'État américain Colin Powell fut le premier à estimer que les élections étaient invalides. Mais George W. Bush mit beaucoup plus de temps à apporter publiquement son soutien à l'opposition ukrainienne. S'il l'a finalement fait, c'est après avoir été interpellé par ses alliés dans la région : le Président polonais Alexander Kwasniewski et son homologue géorgien Mikhaïl Saakachvili. Quelques mois avant la révolution, George Bush père s'était rendu en visite privée en Ukraine, invité par Viktor Pintchouk, le gendre de Léonid Koutchma. Ledit Pintchouk avait en effet eu la délicatesse de faire une donation importante à une bibliothèque fondée par l'ex-Président des États-Unis, ce qui justifiait bien cette visite de courtoisie... La preuve, en tout cas, que l'entourage de Koutchma avait su trouver, lui aussi, de puissants relais à Washington.

ПОПІЛЬНЯНЩИНА
ЗА
ЮЩЕНКО

7
Les Polonais à la manœuvre

Plus que les États-Unis, c'est finalement l'Union européenne qui a joué un rôle actif dans le dénouement de la crise ukrainienne. Et principalement sous l'influence de la Pologne. Ce pays entretient avec l'Ukraine des liens compliqués. Les Polonais et les Ukrainiens se sont fait plusieurs fois la guerre. Il n'y a pas si longtemps que le sang a coulé pour la dernière fois. Au lendemain de la Seconde Guerre mondiale, l'armée clandestine ukrainienne, qui se battait en faveur de l'indépendance dans l'Ouest de l'Ukraine, a mené une véritable épuration ethnique contre les Polonais qui habitaient la région, tandis que les familles ukrainiennes qui vivaient à l'est de la Pologne, près de la frontière, ont été déportées en masse par les autorités polonaises, au prix de nombreuses victimes.

Les plaies ouvertes à ce moment-là ne sont pas toutes refermées. L'histoire de ces crimes contre l'humanité reste encore à écrire. Pourtant, dès les années 1950, l'opposition polonaise a tendu la main aux Ukrainiens. L'intelligentsia polonaise en exil à Paris, ayant fui le régime communiste, avait créé une revue, *Kultura*, dans laquelle elle s'attachait à publier des écrivains ukrainiens et des dissidents. Pour cette intelligentsia, face à Moscou, il n'y avait pas d'émancipation possible pour la Pologne sans indépendance de l'Ukraine. Il était donc vital d'apporter un soutien aux nationalistes ukrainiens, notamment pour affaiblir la Russie. Cette idée a été celle des nouvelles autorités de Varsovie, après la fin du régime communiste. Lech Walesa, Président polonais au moment du référendum d'autodétermination de l'Ukraine, en 1991, fut le premier chef d'État étranger à reconnaître l'indépendance. Et la gauche ex-communiste arrivée au pouvoir en Pologne a repris à son compte les mêmes objectifs de politique étrangère : ne jamais aller contre les États-Unis, entrer dans l'Union européenne et l'Otan, soutenir la souveraineté de l'Ukraine par rapport à Moscou. C'est pourquoi le Président polonais Alexander Kwasniewski avait noué des relations étroites avec Léonid Koutchma, au point même, parfois, de témoigner d'une certaine complaisance vis-à-vis des turpitudes de son régime.

Quand démarre la révolution orange, les Polonais ont en tout cas l'avantage d'avoir une pensée sur l'avenir de l'Ukraine. Au contraire, à Bruxelles, on semble en manquer cruellement. Vu de la capitale des institutions européennes, l'Ukraine, c'est loin. L'opposition est mal identifiée. L'Ukraine est considérée comme n'ayant pas vocation à entrer dans l'Union européenne, mais seulement à s'y associer par un accord de voisinage. La politique de l'Union se limite donc à renforcer la stabilité dans cette région. Comme la stabilité va avec la démocratie, l'Union apporte un soutien de principe aux démocrates ukrainiens, ce qui la conduit à condamner la façon dont les élections se sont déroulées. Mais l'activisme des Polonais va rapidement inciter l'Union européenne à s'investir au-delà de ce qu'elle imaginait. Rétrospectivement, le cas ukrainien montre comment l'Union a été contrainte d'affirmer sa position, sous l'impulsion d'un nouvel État membre.

Tandis que l'Ukraine s'enfonce dans la crise, passé les premières prises de position, l'idée s'impose que l'Union doit offrir une médiation, afin d'éviter la confrontation entre les deux camps. La présidence néerlandaise nomme un émissaire chargé de partir pour Kiev. C'est un dénommé Nick Biegman, ancien ambassadeur des Pays-Bas à l'ONU. Mais on n'entendra plus jamais parler de lui. Car la Pologne a déjà pris les choses en main pour porter la crise à un niveau plus élevé.

Au Parlement européen, les députés polonais s'activent et obtiennent le vote d'une motion de soutien à l'opposition ukrainienne, évoquant la perspective, à terme, d'une intégration de ce pays au sein de l'Union européenne. Le Président polonais Alexander Kwasniewski appelle tous les chefs d'État européens pour les sensibiliser. Il a raconté la suite des événements dans un long entretien paru dans le journal polonais *Polityka**. Comme il est le seul des protagonistes de ce niveau à avoir témoigné de façon aussi détaillée à ce jour, nous allons donc suivre son récit. Un décryptage partiel des pourparlers qui ont suivi a également été rendu public par Vladimir Lytvine, le président du Parlement. Il permet de compléter sa version des faits.

Le Président polonais joint, dans les tout premiers jours de la révolution, le chancelier allemand

* Le 18 décembre 2004.

Gerhard Schröder, qui se montre « distant ». Puis il appelle Jacques Chirac. « Le Président Chirac a écouté avec intérêt. Puis il a prononcé ces paroles importantes : “Bonne chance, Alexandre.” », raconte le Président polonais, non sans ironie. Ces quelques mots lâchés du bout des lèvres seront tout le soutien de la France à l'initiative polonaise. De quoi s'agit-il ? Ayant donc de bonnes relations avec le Président ukrainien, Alexander Kwasniewski s'est vu proposer par Léonid Koutchma une mission de médiation à Kiev. Conscient de ne pas pouvoir peser sur le cours des choses sans avoir le soutien de l'Union européenne, Alexander Kwasniewski suggère aussitôt à Javier Solana de se joindre à lui. Le Haut Représentant de la politique étrangère et de sécurité de l'Union européenne accepte, à condition d'avoir l'appui des chefs d'État européens. La mission s'étoffe du Président lituanien, Valdas Adamkus, auquel Koutchma aurait également fait appel.

Alexander Kwasniewski propose un plan en trois points : les deux camps en présence doivent accepter une vérification des résultats, ils doivent s'engager à ne pas recourir à la violence, ils doivent être prêts à poursuivre le dialogue. C'est avec ce maigre bagage que le Président polonais atterrit à Kiev, le vendredi 26 novembre. Le blocage est alors complet. Le mouvement s'est solidement installé dans la rue, mais l'opposition n'est pas parvenue à faire basculer le Parlement dans son camp. Léonid Koutchma et Viktor Ianoukovitch sont claquemurés dans les palais nationaux. Ils font mine d'ignorer la contestation. Ils misent encore sur une usure des manifestants. L'opposition a déposé une plainte devant la Cour suprême pour demander l'annulation du vote, mais son issue est incertaine. On est alors camp contre camp, dans une Ukraine de plus en plus divisée, où la situation menace à tout instant de basculer dans la violence.

Alexander Kwasniewski se rend chez le Président ukrainien : « Mon premier entretien avec Koutchma a été réellement dramatique, raconte le Président polonais. Il s'estimait victime d'un complot mondial. Des irrégularités électorales ? Les Américains, eux aussi, trichent pendant les élections... Pendant notre discussion, il a reçu trois appels de Vladimir Poutine qui voulait lui proposer ses représentants. Finalement, ils se sont entendus sur la candidature de Gryzlov [Boris Gryzlov, président de la Douma russe et chef du parti présidentiel en Russie. Il sera inclus dans le groupe de médiateurs]. Après l'arrivée de Solana, la conversation est devenue encore plus difficile. Koutchma avait visiblement décidé de le tenir pour personnellement responsable de tout. »

Après avoir essuyé l'ire du Président ukrainien, le Polonais et l'Espagnol se rendent au siège de Notre Ukraine, la petite maison du quartier du Podol où Viktor Iouchtchenko conserve son bureau. La conversation n'est pas moins difficile : « Comme le climat était à la révolution, lui et ses collaborateurs ont commencé à déclarer qu'ils refusaient de discuter avec ce bandit de Ianoukovitch. » Du fait de ses bonnes relations avec Léonid Koutchma, le Président polonais est d'abord accueilli avec méfiance par la direction de Notre Ukraine. Alors, Alexander Kwasniewski fait observer qu'en dépit des fraudes le Premier ministre a tout de même rassemblé au moins 30 % de l'électorat, ce qui n'est pas négligeable. Cela fait de lui un interlocuteur incontournable, quels que soient les sentiments qu'on lui porte. Viktor Iouchtchenko se laisse fléchir et accepte le principe de pourparlers.

Le Haut Représentant européen et le Président polonais vont ensuite voir Viktor Ianoukovitch : « Il a commencé par déclarer que les élections étaient valables et que des irrégularités avaient lieu même en Amérique. Il était élu et certain que la Cour suprême confirmerait la validité des élections. Lors de notre entretien, nous avons vu affluer les télégrammes de félicitations envoyés d'Asie centrale. Ianoukovitch était de plus en plus sûr de lui. Il avait le soutien de Poutine, il était Président et n'allait pas pactiser avec des "mutins". »

Ce que le Président Kwasniewski ne raconte pas, c'est comment il réussit à attirer tout de même le Premier ministre à la table de négociation. Cet élément du récit demeure encore un mystère. Mais le fait est qu'il y parvient. La rencontre doit avoir lieu en fin d'après-midi au palais Marinski, une ancienne demeure aristocratique du centre de Kiev qui sert de lieu de réception pour les hôtes étrangers. Parquets cirés, lustres en cristal, faux plafonds, stucs et moulures en plâtre, c'est le lieu idéal pour une rencontre en toute tranquilité. Mais, avant, un autre incident se produit. Les médiateurs étrangers apprennent que plusieurs trains venant de l'Est sont en route pour la capitale avec, à leur bord, quelques milliers de mineurs, partisans de Ianoukovitch. Redoutant que ce ne soit le point de départ des violences, ils joignent le directeur de campagne de Viktor Ianoukovitch, qui consent à arrêter la marche des trains. Ils seront immobilisés à soixante kilomètres de Kiev durant plusieurs heures.

Les discussions commencent finalement. Outre les trois « présidents » ukrainiens, figurent autour de la table Javier Solana ; Alexander Kwasniewski ; Boris Gryzlov ; le ministre polonais des Affaires étrangères, Adam Rotfeld ; le chef de mission de l'OSCE (Organisation pour la sécurité et la coopération en Europe) à Kiev, Jan Kubis ; et le président du Parlement ukrainien, Vladimir Lytvine. Le Président Koutchma présente mollement le projet de compromis discuté préalablement avec Alexander Kwasniewski. Puis Viktor Iouchtchenko prend la parole et assure avoir la preuve que les élections étaient illégales. Il dénonce 700 cas de fraudes. Viktor Ianoukovitch rétorque que les élections sont légales. Il dit en même temps, de façon passablement contradictoire, que les fraudes ont été initiées par ses adversaires, et qu'il possède, pour sa part, la preuve de 7 000 cas de tricheries commises par Notre Ukraine. Il reproche vivement à l'opposition les manifestations qui désorganisent le pays. Il déclare que les Ukrainiens ont le droit de manifester. Mais il propose qu'ils déplacent leur manifestation « dans la banlieue de Kiev, car, à proximité des bâtiments d'État, cela crée une pression sur ceux qui veulent travailler ». Il insiste pour que le blocus de la présidence et du cabinet des ministres, le siège du gouvernement, soit levé. Cet objectif est visiblement une obsession, pour lui comme pour Léonid Koutchma. Puis il fait à Viktor Iouchtchenko une proposition : entamer des négociations pour qu'il devienne son Premier ministre !

Le Président polonais, profitant du fait que Ianoukovitch a également reconnu l'existence de fraudes, propose alors que les deux candidats admettent que le deuxième tour n'a pas été valide.

Viktor Ianoukovitch accepte seulement un nouveau décompte des voix. Iouchtchenko refuse en expliquant qu'on « ne trouvera pas la vérité ainsi car, à Donetsk, on a voté à 104 % ». Ianoukovitch veut alors qu'un nouveau vote soit limité aux circonscriptions de l'Est. Léonid Koutchma mouche son Premier ministre. Il reconnaît implicitement que Viktor Iouchtchenko est en position de force en se tournant vers Ianoukovitch et en lui disant : « C'est la révolution. Lui, il est sur le tank, et toi, tu es en-dessous... » Le décryptage des conversations révèle une ambiance qui reste polie, mais tendue. C'est un échange d'arguments n'excluant pas la mauvaise foi, qui se déroule entre des personnalités qui se connaissent depuis longtemps, pour s'être affrontées à la tribune du Parlement. Chacun a ses propres objectifs. L'alliance entre Léonid Koutchma et Viktor Ianoukovitch montre des signes de faiblesse. Cependant, le Président refuse de changer de Premier ministre. « Je n'aurai personne à mettre à sa place », dit-il. « Et puis, mon gouvernement a de meilleurs résultats que celui de Pologne. » Viktor Iouchtchenko menace plusieurs fois de quitter la salle. Le Président polonais se fait l'avocat de l'organisation d'un nouveau vote. Il s'efforce de fléchir Ianoukovitch en lui expliquant qu'il n'a rien à craindre, puisqu'il affirme avoir obtenu plus d'un million de voix d'avance. Alexander Kwasniewski propose que les deux candidats demandent au Parlement d'invalider ce second tour. La loi électorale ne prévoit rien de tel. Mais, si la décision du Parlement ukrainien est soutenue par tous les partis politiques, cela peut ouvrir une issue à la crise, moyennant quelques accommodements juridiques. On est assez près d'un accord. Il est question d'organiser un nouveau vote, de s'engager à ne pas user de la violence, d'accepter de poursuivre le dialogue.

C'est alors que Boris Gryzlov intervient pour dénoncer les manifestations de l'opposition. Il estime qu'elles ont été organisées à l'avance, financées par des meneurs extérieurs. Il ajoute que les mêmes irrégularités se sont produites lors de la présidentielle américaine, et que la Russie reconnaît la validité de l'élection. « Il a longuement parlé. J'ai fini par exploser. Je lui ai dit que j'avais vu des manifestations semblables à Gdansk, à Prague et à Moscou et qu'il ne pouvait pas prétendre qu'il ne s'agissait pas, dans tous les cas, d'un comportement spontané », raconte le Président polonais à *Polityka*. Viktor Iouchtchenko indique pour sa part qu'il lui sera difficile de conserver le contrôle des manifestants au-delà de quelques jours. « J'ai conclu en disant que, si j'avais bien compris, Monsieur Gryzlov désirait que nous condamnions les irrégularités électorales commises aux États-Unis dans notre déclaration finale. Personne ne souriait. Adam Rotfeld me tirait par la manche. Nous nous sommes finalement entendus sur un communiqué signé seulement de Léonid Koutchma, qui mettait l'accent sur la poursuite d'un dialogue pacifique. Puis nous avons commencé à attendre le verdict de la Cour suprême. »

Cette rencontre n'a pas dénoué la crise. Le seul intérêt de cette table ronde, c'est d'avoir contribué à éviter que le conflit ne bascule dans la violence. Tous ceux qui sont là ont accepté de s'engager en ce sens. C'est déjà énorme. On peut penser qu'à partir de cette rencontre Viktor Iouchtchenko possède des arguments pour contraindre à plus de patience l'aile de son mouvement qui voudrait une prise rapide du pouvoir, Julia Timochenko en tête. On peut penser que cela freine aussi la main du pouvoir, même si la tentation existe de déclarer l'état d'urgence. De plus, la rencontre a permis d'explorer une issue légale. Un dialogue est engagé. Il se poursuivra, fil ténu qui empêchera que les choses n'aillent trop loin. Même si le compromis final doit être signé dans une autre instance.

Les médiateurs reviennent à Kiev le 1er décembre. Puis à nouveau le 6 décembre. Ces deux rencontres sont l'occasion de constater l'évolution des événements. On discute de la façon dont de nouvelles élections pourraient avoir lieu. On parle d'une éventuelle réforme de la Constitution. A-t-on également parlé, lors de ces tables rondes, d'accorder des garanties de sécurité à Léonid Koutchma et à son entourage, afin de faciliter la transition ? Cela a été dit. Mais jamais confirmé. En revanche on a bien évoqué le renvoi du gouvernement, l'adoption d'une nouvelle loi électorale, le délai pour l'organisation du troisième tour. Grâce à ces discussions, les protagonistes de la crise ne se sont pas retrouvés livrés à eux-mêmes et aux plus radicaux de leurs partisans. Ils se sont sentis sous observation internationale. Viktor Ianoukovitch a admis maladroitement l'existence de fraudes massives, même s'il nie en être l'auteur. Dès lors, un compromis évitant la confrontation paraît possible. C'est un beau succès diplomatique pour les Polonais, qui les installe, sans doute de façon durable, dans le rôle de nouveaux parrains de la jeune démocratie ukrainienne.

8
Le peuble bleu et blanc

Faire face avec les mêmes méthodes. Passé un moment de stupeur, c'est ce que tente l'équipe de Viktor Ianoukovitch. Le Premier ministre est d'abord pris de court par la vigueur de la réaction de la rue. Il pensait avoir assez d'atouts dans son jeu pour l'emporter. Il a le soutien du Président ukrainien et surtout celui du Président russe, il tient le pouvoir exécutif et les médias, et il est riche grâce à l'argent du clan de Donetsk. Avec de telles armes, il se croyait imbattable, quels que soient les incidents émaillant les élections.

D'où viennent ces moyens financiers considérables dont dispose Viktor Ianoukovitch ? Sa région, le Donbass, abrite des mines à charbon et des aciéries qui font partie des « pépites » reçues en héritage de l'époque soviétique. Après l'indépendance de l'Ukraine, elles réalisent à elles seules 30 % des exportations du pays. Dans les années 1990, quelques intermédiaires ont obtenu de Léonid Koutchma le droit exclusif de fournir du charbon aux entreprises sidérurgiques, qui en ont un besoin vital*. Officiellement, il s'agit de « sécuriser les approvisionnements ». En réalité, c'est un moyen d'asphyxier les entreprises.

* Lire à ce sujet l'enquête d'Yves Bourdillon parue dans *les Échos*, en avril 2001.

Ces intermédiaires achètent du charbon à bas prix et le revendent beaucoup plus cher. Ils fournissent ensuite aux mines des crédits à des taux élevés, avant d'en prendre le contrôle.

En quelques années, au prix de sanglants règlements de compte et en brassant beaucoup d'argent, le clan de Donetsk s'est emparé de toute l'économie de cette riche région industrielle. La construction mécanique, les aciéries, les mines, l'industrie chimique, l'agroalimentaire, plus quelques hôtels et restaurants de luxe, l'aéroport régional et même le club de football, le Chakhtior, appartiennent à ces hommes regroupés dans l'Union industrielle du Donbass, dont le chef de file est Rinat Akhmetov. À trente-huit ans, il est à la tête d'une fortune évaluée à deux milliards d'euros, selon le magazine *Forbes*. Il n'apparaît jamais publiquement, ne répond pas aux interviews, « sauf pour parler de football », fait répondre son attaché de presse à ceux qui ont l'audace d'en demander. Le clan de Donetsk brasse des milliards, dans une région où la majorité de la population vit dans la pauvreté, si ce n'est la misère.

L'ampleur de la manifestation à Kiev déconcerte le Premier ministre. Il reste coi devant les protestations occidentales. Mais, passé les premières heures, l'équipe de Viktor Ianoukovitch réagit en s'efforçant de faire venir à Kiev des contre-manifestants de l'Est. Leur arrivée fut retardée, on l'a vu, par l'intervention polonaise, mais ils sont vingt mille environ, le vendredi soir, à tenir meeting devant la gare de Kiev, après avoir débarqué de trains de Donetsk. Face aux drapeaux orange, ils opposent leurs bannières blanc et bleu, les couleurs de la campagne du Premier ministre. Face aux cris « Iou-chtchen-ko », ils scandent « Ia-nou-ko-vitch ». Ils dénoncent chez ceux d'en face la volonté de s'imposer par la force. Ils parlent des « putschistes orange » soutenus et manipulés par l'Occident. Ils se disent attachés à la stabilité que représente leur candidat, un « homme du peuple », travailleur, et qui « comprend les préoccupations des gens simples ». Quand on les interroge sur les fraudes électorales, ils ne les nient pas. Mais ils assurent qu'il s'en est produit dans les deux camps. Quand on leur parle du passé criminel du Premier ministre, ils évoquent de simples erreurs de jeunesse. Quand on mentionne devant eux le meurtre de Gongadze ou l'empoisonnement de Iouchtchenko, ils estiment qu'il s'agit d'une fatalité, d'un incident, voire d'une manipulation... Ils sont fiers de la puissance industrielle de leur ville, Donetsk, répètent qu'elle « nourrit toute l'Ukraine par son travail », tandis que Kiev, cette ville de fonctionnaires, peut passer son temps « à parler et à manifester ». En même temps, ils se sentent incompris de Kiev, s'agacent de voir que le nom de leur ville est associé, dans le discours des chefs de l'opposition, aux termes de « bandit », de « mafieux » ou de « voleur ».

Ceux-là sont les vrais partisans du Premier ministre. Car il y en a. Si l'on enlève l'effet des fraudes et des pressions, Viktor Ianoukovitch a tout de même rassemblé sur son programme et sa personnalité au moins 30 % des suffrages au second tour de la présidentielle, principalement dans les régions de l'Est et du Sud, où l'on a voté à 90 % pour lui. Là, la population parle surtout le russe. L'esprit y est plus collectiviste. L'individu a moins d'initiatives. Il se soumet davantage à la loi du groupe.

Dans cette partie de l'Ukraine très russifiée, on a bien accueilli les propositions du candidat Ianoukovitch. Il a fait campagne en proposant de rendre au russe le statut de langue officielle, perdu après l'indépendance. Il s'est prononcé pour la création d'une double citoyenneté, ukrainienne et russe. Il a soutenu le projet d'intégration dans une union économique avec la Russie, la Biélorussie et le Kazakhstan. Tout cela va à l'encontre des sentiments nationalistes et pro-occidentaux des régions de l'Ouest de l'Ukraine, mais convient bien aux électeurs de l'Est, qui se sentent naturellement proches de la Russie.

Lena, vingt-neuf ans, est venue se mêler à la manifestation, accompagnée de sa meilleure amie. Elle reste un peu à l'écart. À la bandoulière de son sac, elle a noué un ruban bleu et un autre orange : « Pour montrer que tous les Ukrainiens sont ensemble. » Elle soutient Viktor Ianoukovitch, même si elle concède qu'il a fait des erreurs. Lena vit et travaille à Kiev. Elle est coiffeuse dans un petit salon du centre-ville, un jour sur deux, de 9 heures à 21 heures, depuis deux ans. Mère célibataire d'une fillette de dix ans, elle est venue dans la capitale pour gagner plus d'argent, après avoir laissé sa fille à la garde de sa grand-mère. Elle est originaire de Marioupol, dans l'Est de l'Ukraine, une ville industrielle de 500 000 habitants qui s'étire au bord de la mer d'Azov. Là-bas, les usines sidérurgiques jouxtent le port de commerce. Et rares sont les jours où l'on peut voir la vraie couleur du ciel, tant la ville est polluée.

Lena voit Viktor Iouchtchenko comme un radical, « hostile à ceux qui ne parlent pas l'ukrainien » et

« sous influence américaine », puisque sa femme est originaire des États-Unis. Elle n'a pas beaucoup d'estime pour Viktor Ianoukovitch. « Il n'est qu'une marionnette de Rinat Akhmetov », l'homme d'affaires qui « possède quasiment tout le Donbass ». Selon elle, des fraudes ont été commises des deux côtés. « Et, si l'on organise un nouveau vote et que l'opposition perd, [elle manifestera] de la même façon. » Elle estime que la présidentielle n'est « qu'un combat pour le pouvoir et pour l'argent ». Elle pense que les deux candidats ne font que défendre leurs propres intérêts. Mais, à tout prendre, il vaut tout de même mieux que ce soit Ianoukovitch qui l'emporte, car il incarne « la stabilité ».

Lena comprend l'ukrainien, mais ne le parle pas spontanément. C'est en russe que les mots lui viennent. Son père, capitaine de navire, mort à cinquante-quatre ans, était russe. Sa mère, grecque. Elle ne croit pas vraiment que l'un ou l'autre candidat président puisse améliorer la situation du pays. Et elle ne pense pas non plus que Vladimir Poutine ait eu raison de se mêler de l'élection ukrainienne, même si elle regarde plus volontiers les informations « de Moscou » à la télévision que celles de Kiev. Elle semble de toute façon un peu résignée. Elle dit qu'elle ne sait pas si l'Ukraine est européenne. Elle pense que le citoyen subit ses dirigeants. Elle est surtout là par fidélité à sa région d'origine, à sa famille et à ses amis.

En faisant ainsi venir à Kiev plusieurs milliers de ses partisans, Viktor Ianoukovitch entend montrer que l'Ukraine n'est pas tout entière derrière son adversaire. Mais il fait aussi un calcul plus cynique. Il compte sur la confrontation des deux foules, au moment où les tensions sont au plus haut, pour que des incidents aient lieu, ce qui donnera prétexte à une intervention policière. Parmi les manifestants venus de Donetsk, certains sont des mineurs qui ne cachent pas leurs manches de pioche. Et pourtant, aucun incident ne se produit. La foule orange se trouve plusieurs fois face aux partisans de Ianoukovitch sans que cela ne dégénère en confrontation violente. Est-ce à cause de leur infériorité numérique ? De leur manque de motivation ? Les manifestants bleu et blanc se laissent facilement embarquer par leurs homologues orange qui leur offrent du thé, voire de la vodka, et les entraînent dans de longues discussions. Ceux-là obéissent à la consigne qui leur a été donnée par Viktor Iouchtchenko et Julia Timochenko : « Accueillez les gens de Donetsk, communiquez-leur un peu de votre chaleur orange… »

Au pire voit-on devant le siège de la Cour suprême, un matin, un cortège de quelques milliers de manifestants bleu et blanc scander énergiquement quelques slogans, vite couverts par les cris de dizaines de milliers de manifestants orange. Les deux foules se font face. Aucun policier n'est présent. La situation pourrait basculer. Mais rien ne se produit, et les cris cèdent la place aux quolibets puis aux éclats de rire. Les pacifiques Ukrainiens ne veulent pas de violence. Les manifestants bleu et blanc repartent donc de Kiev comme ils étaient venus. Au bout de quelques jours, ils ont disparu. La capitale est à 100 % orange. L'équipe de Ianoukovitch est bien obligée de constater qu'elle n'était pas en mesure de réunir à Kiev une contre-manifestation permanente semblable à celle qui tient la place de l'Indépendance.

Faute de pouvoir mener l'offensive à Kiev, l'équipe de Ianoukovitch tente donc d'organiser sa défense à Donetsk. Là, les meetings se succèdent tous les soirs pour soutenir la « victoire » du candidat du Donbass. Les mineurs annoncent la création de brigades d'autodéfense. Le dimanche 28 novembre, un congrès réunit 3 500 élus locaux à Severodonetsk, une petite ville minière près de Donetsk. Invité d'honneur, le maire de Moscou, Iouri Loujkov, qui s'est fait depuis longtemps le défenseur de l'influence russe dans les anciennes marches de la Russie. Dans cette enceinte, les gouverneurs régionaux de l'Est ukrainien brandissent la menace d'une sécession au cas où Viktor Iouchtchenko prendrait le pouvoir. Sous l'œil impavide de Viktor Ianoukovitch, le gouverneur de Lougansk, Viktor Tikhonov, s'exclame ainsi : « Nous ne posons pas la question de l'autonomie aujourd'hui. Mais, si Iouchtchenko arrive au pouvoir, nous créerons un état fédératif nouveau, une république du Sud-Est dont la capitale sera Karkhov. » Le gouverneur de Donetsk, pour sa part, annonce un référendum sur l'autonomie de sa région pour le dimanche suivant.

Le scénario est tracé. Il s'agit d'ouvrir la route à une partition de l'Est de l'Ukraine, soit les régions de Crimée, Lougansk, Donetsk, Dniepropetrovsk, Zaporojie, Mykolaev, Odessa, Karkhov, Soumy, dont les plus hauts représentants sont tous là. Les congressistes votent d'ailleurs une motion finale qui crée un « comité inter-régional » doté d'un secrétariat permanent, qui doit « avoir son siège à Karkhov ». Ce scénario d'une partition est d'autant plus plausible qu'il a déjà été testé ailleurs. Quand la Moldavie, au début des années 1990, s'est trop émancipée, Moscou y a soutenu les russophones de Transnistrie qui ont organisé leur sécession à l'issue d'une courte guerre. Même chose avec la Géorgie qui a dû faire face à la rébellion de l'Abkhazie et de l'Ossétie du Sud. Depuis, ces microscopiques provinces sont comme autant de débris d'empire. Elles demeurent toujours des zones de non-droit, plaques tournantes pour toutes sortes de trafics, micro-États non reconnus internationalement, mais qui survivent grâce au soutien de Moscou.

La réédition de ce scénario en Ukraine est envisageable. D'autant que les régions rebelles sont frontalières de la Russie. Mais l'affaire aurait une tout autre dimension qu'aux marges de la minuscule Moldavie ou de la petite Géorgie. La « république du Sud-Est » ukrainien pourrait rassembler vingt à trente millions d'habitants. Elle aurait sur son sol les usines qui produisent les deux tiers du PIB du pays, ne laissant au reste du pays qu'une économie exsangue, devenue un cauchemar pour l'Europe qui devrait soutenir ce territoire à bout de bras. Et cela sans compter le risque d'instabilité qui pèserait en permanence sur cette nouvelle frontière de l'Europe. Viktor Ianoukovitch joue clairement de cette menace dans son intervention à Severodonetsk : « Moi, je suis pour l'unité de l'Ukraine, dit-il aux délégués des régions. Mais je vous dis en même temps : adoptez la décision que vous jugerez bonne. Je ne vous trahirai pas. Ce que vous adopterez, pour moi, ce sera la loi. »

L'ombre d'une guerre civile passe donc sur l'Ukraine ce dimanche-là. Mais ce n'est que le temps de se faire peur. Au fond, personne ne veut vraiment en arriver là. Il s'agit surtout de brandir cette perspective en direction des chefs de gouvernements occidentaux, de leur laisser entrevoir le risque qu'ils courraient à soutenir plus avant le candidat de l'opposition. Ils pourraient ouvrir la voie au scénario catastrophe, leur fait-on comprendre, celui d'une cassure de l'Ukraine, d'une guerre civile, voire d'une internationalisation du conflit, si la Russie et les pays de l'Otan s'en mêlent...

Le congrès de Severodonetsk est aussi une façon d'accroître la pression sur Kiev. Ce même dimanche, en effet, Viktor Ianoukovitch et ses alliés au sein de l'appareil d'État insistent pour que le Président décrète l'état d'urgence et lance la police contre les manifestants qui campent toujours place de l'Indépendance. Ce n'est que quelques jours plus tard qu'on aura vent de l'affaire et que l'on commencera à entrevoir ce qui s'est passé. Mais cet épisode demeure encore l'un des plus obscurs de la révolution ukrainienne, et en même temps l'un des plus importants. Il faut le raconter en détail.

Ce dimanche 28 novembre est un jour calme au centre de Kiev. Pour la première fois, le soir, il n'y a pas de meeting. La révolution fait relâche. Les manifestants sont toujours là mais moins nombreux. À l'issue d'une semaine de manifestations, ils prennent un peu de repos. La vigilance a baissé. Il fait froid. Il y a de la fatigue sous les tentes. Il est clair que, ce soir-là, une intervention a le plus de chances de réussir. En même temps, elle pousserait forcément une partie de l'opposition à la radicalisation. L'intervention est sérieusement envisagée, et même mise en route. À 22 heures 25, l'ordre est donné aux forces spéciales de la police, les *spetznaz*, de se préparer à l'action. Dix mille policiers stationnés près de Kiev montent dans leurs véhicules. Parmi eux, quatre mille sont armés de fusils et reçoivent des balles réelles. Des policiers de Crimée sont également mis en alerte. Ils grimpent dans leurs camions et prennent la route de la capitale. Ils sont supposés servir de renforts et sécuriser le centre de Kiev, une fois qu'il aura été dégagé par la première vague de policiers. Ils doivent arriver le lendemain matin.

Le scénario ressemble beaucoup à celui qu'à vécu la Chine sur la place Tien an men. Pour la deuxième fois, après la soirée où la foule avait failli envahir l'administration présidentielle, la révolution orange passe très près de basculer dans une violence aux conséquences imprévisibles. Mais, à 23 heures 55, l'ordre d'intervention est subitement annulé. Les véhicules de police reçoivent l'ordre de faire demi-tour. Ils regagnent leur base. L'état d'alerte est levé. Sur la place de l'Indépendance, nul ne se doute de ce qui s'est joué durant une heure et demie. C'est une semaine plus tard seulement que la nouvelle filtre par un député de l'opposition, Grigori Omeltchenko. Il affirme avoir joué un rôle, parmi d'autres dirigeants importants du service de sécurité (SBU) et du contre-espionnage, pour faire annuler l'ordre d'intervention.

Selon ce député, également colonel du SBU, que j'ai pu questionner, les plus hauts responsables du ministère de la Défense et des services secrets ont été alertés immédiatement, le 28 novembre au soir, de l'opération mise en route. Ils ont téléphoné au chef de la police qui commandait l'intervention, le lieutenant général Popkov. Ils l'ont mis en garde contre toute tentation d'exécuter des ordres illégaux. Le SBU a alors menacé le lieutenant général Popkov de poursuites, ce qui a eu raison de lui.

Selon le journal d'investigation russe *Soverchenno Sekretno* (Absolument Secret)*, spécialisé dans l'action des services secrets et relativement fiable, le SBU aurait même placé ce soir-là des tireurs d'élite sur les toits. Ces tireurs devaient faire feu sur la police pour protéger la foule des manifestants. Mais ils étaient là surtout pour montrer aux dirigeants du ministère de l'Intérieur que le SBU était sérieux lorsqu'il parlait de faire obstacle aux « ordres criminels donnés à la police ». Selon ce site, la direction entière du SBU avait basculé du côté de l'opposition dès le lendemain du vote controversé. Des membres des troupes d'élite du SBU avaient alors pris en charge la sécurité personnelle de Viktor Iouchtchenko.

Ces faits sont-ils exacts ? Difficile de le confirmer. Ce qui est sûr, en revanche, c'est qu'une bonne part de l'armée et des services secrets était clairement passée du côté de la révolution orange. Depuis l'indépendance de l'Ukraine, le SBU n'a cessé d'être un champ clos où s'affrontent différentes factions. La Russie y a conservé des relais. Certaines factions soutiennent tel ou tel homme politique ukrainien. Mais une aile nationaliste y a acquis un certain poids et n'a cessé de se renforcer. Elle s'est constituée dès 1991, sous l'impulsion d'anciens officiers du KGB qui ont démissionné après l'implosion de l'URSS pour rejoindre l'Ukraine indépendante, afin de servir aux mêmes fonctions.

Grigori Omeltchenko est de ceux-là. Ancien juge d'instruction, selon sa biographie officielle, mais plus probablement membre de l'ex-KGB, il a fait partie de ceux qui ont mis sur pied le nouveau service de

---

* http://sovsekretno.ru.

sécurité ukrainien. Il est toujours colonel du SBU, instructeur de l'école supérieure du ministère de l'Intérieur, tout en étant député de l'opposition, membre du bloc de Julia Timochenko. Il siège au Parlement au sein de la commission chargée de la lutte contre le crime organisé. Il incarne bien cette faction nationaliste qui conçoit son activité comme un devoir d'être le glaive et le bouclier de l'Ukraine indépendante.

Depuis quatorze ans, bon nombre de jeunes recrues qui ont rejoint le SBU l'ont fait avec cet idéal de préserver l'indépendance. Pour eux, le travail d'un service de sécurité ne doit pas être de surveiller l'opposition, mais de lutter contre la corruption et de renforcer l'État. Il m'est arrivé de rencontrer quelques-uns de ces jeunes officiers. Ils sont idéalistes et bien formés, obéissants et vertueux. Ils ne pouvaient considérer le rapprochement avec la Russie opéré par Léonid Koutchma à la fin de son deuxième mandat que comme un acte de trahison.

Ce même SBU a fort bien pu voir certains de ses membres impliqués dans la tentative d'empoisonnement de Viktor Iouchtchenko, lors de l'entrevue du 5 septembre, et voir ses dirigeants principaux prendre fait et cause pour le leader de l'opposition... L'opposition bénéficiait d'ailleurs d'excellentes informations sur les mouvements de troupes en Ukraine, si l'on en croit certains communiqués parus avant même le premier tour. Le 28 au soir, en tout cas, la direction du SBU est bien du côté de Iouchtchenko, tout comme celle du GUR (Glavnie upravlienie razvietki, le contre-espionnage, moins important). Et c'est bien cela, en ces heures décisives, qui a retenu le bras des responsables du ministère de l'Intérieur, restés, pour leur part, fidèles à Koutchma.

Le *New York Times,* qui a enquêté sur ces événements*, confirme cette version des faits et ajoute un détail. L'ambassadeur des États-Unis en Ukraine, prévenu dans la soirée, a contribué à faire rentrer la troupe dans les casernes. Il téléphone ce soir-là à Viktor Pintchouk, le gendre du Président, pour lui demander de faire arrêter immédiatement l'opération.

Plusieurs questions demeurent encore sans réponse à propos de cette soirée décisive. Léonid Koutchma a-t-il lui-même donné l'ordre d'intervenir, ou cela s'est-il fait à son insu, comme un dernier coup de poker tenté par Viktor Ianoukovitch ? L'ordre d'intervenir fut donné par le ministre de l'intérieur, Mykhailo Bylokin. Mais à qui lui-même obéissait-il ? Ensuite, le Président a-t-il personnellement renoncé à l'intervention armée lorsqu'il a mesuré toutes les conséquences prévisibles ? Ou bien les responsables de la police ont-ils désobéi en arrêtant tout ? Impossible de le dire. La seule information que l'on peut apporter en plus, c'est que, le 2 décembre, le lieutenant général Sergeï Popkov a été promu au rang de conseiller du ministre de l'Intérieur. Le décret de nomination est signé de la main même de Léonid Koutchma. Que récompense cette promotion ? Est-ce le fait d'avoir commandé l'opération ou d'avoir accepté de s'arrêter à temps ? On ne peut faire que des hypothèses à ce sujet...

Quoi qu'il en soit, ce dimanche de toutes les tensions est un moment-charnière de la révolution. La donne politique change brusquement en Ukraine : le lundi 29 novembre, l'alliance entre le Président et son Premier ministre vole en éclats. Le matin, Léonid

---

* *New York Times,* 17 janvier 2005, C.J. Chivers.

Koutchma convoque dans son bureau les gouverneurs qui ont participé au congrès de Severodonetsk et leur affirme que toute évocation du séparatisme est « inacceptable ». Le ministre de la Défense, un proche du Président, déclare en écho que l'armée défendra l'intégrité territoriale de l'Ukraine. Le SBU prévient publiquement que ceux qui attentent à la constitution seront poursuivis. Et cela suffit pour faire reculer les gouverneurs régionaux qui ne parlent plus de leur « république du Sud-Est ». Celui de Donetsk, Anatoly Blizniouk, renvoie son référendum sur l'autonomie à plus tard. Et il précise qu'il n'aura qu'un rôle « consultatif ». Il ne sait même plus quelle question il veut poser aux électeurs. Lorsque je le rencontre trois jours plus tard, dans l'immense bureau de l'administration régionale de Donetsk, tout décoré de coupes sportives, il dit de sa voix forte d'ancien mineur que « la question est en train d'être définie par des juristes »... Il assure ensuite que sa démarche n'était pas inspirée par des idées séparatistes, « pas même en pensées ». Il indique que sa région se prononce en faveur de la fédéralisation du pays car « un nouveau dirigeant risque d'arriver au pouvoir par la pression de la foule, de façon inconstitutionnelle » et qu'il dit craindre que ce dirigeant « continue à gouverner de la même façon ». Mais il récuse toute possibilité d'une guerre civile en Ukraine. « C'est une bêtise. Et celui qui fait appel à cela, il faut lui mettre des menottes », tranche-t-il. Apparemment, l'avertissement lancé par le Président et par le SBU a porté.

Ce même lundi, Sergueï Tigipko, le directeur de campagne de Viktor Ianoukovitch, l'abandonne, critiquant ouvertement la stratégie de son candidat. Il était la pièce maîtresse de l'équipe électorale du Premier ministre. Son départ porte un rude coup au candidat, qui se retrouve très affaibli. Viktor Ianoukovitch apparaît le soir à la télévision désemparé, le regard vide. Il dit qu'il a envoyé sa famille à Donetsk « pour sa sécurité », affirmant qu'à Kiev sa femme et ses enfants avaient subi des menaces. Et il termine avec ces mots : « Et moi je reste seul ici. Et je me battrai jusqu'au bout... »

Viktor Iouchtchenko n'a pas encore gagné. Mais il est clair que Viktor Ianoukovitch a perdu. Il n'est pourtant pas prêt à jeter l'éponge. Le dénouement de la crise prendra encore plusieurs semaines. Pourtant, c'est bien à ce moment-là que le pouvoir a commencé à changer de mains. Le pic de la tension a été atteint.

ЛЬВІ

9
La lutte finale

Le jeudi 2 décembre, Léonid Koutchma fait un voyage éclair à Moscou. Le déplacement n'a pas été annoncé. Il y rencontre le Président russe dans un salon de l'aéroport car Vladimir Poutine est en partance pour l'étranger. Les deux présidents ont un bref entretien à l'issue duquel Vladimir Poutine lâche ce commentaire : « Un nouveau second tour, en Ukraine, risque aussi de ne rien donner. Et alors quoi, on peut répéter le vote une troisième, une quatrième, une vingt-cinquième fois ? Cela pourrait se poursuivre jusqu'à ce qu'un des partis obtienne le résultat voulu ? »

Par cette remarque acide, le Président russe indique sa nouvelle ligne de conduite. Léonid Koutchma et Vladimir Poutine souhaitent recommencer la totalité de l'élection. Ils ont pris acte qu'il était impossible d'imposer Viktor Ianoukovitch. Face au candidat de l'opposition, ils veulent quelqu'un de plus présentable, qui a davantage de chances de l'emporter. On parle de Sergueï Tigipko, le directeur de campagne démissionnaire. C'est un jeune banquier qui a fait toute sa fortune dans l'ombre du clan Koutchma. Il est efficace, intelligent et cynique. Il serait capable, sans nul doute, d'endosser le costume de candidat et de donner du fil à retordre à Viktor Iouchtchenko – s'il est autorisé à se représenter, car un artifice juridique pourrait permettre de l'écarter.

Léonid Koutchma est encore maître du jeu. Il est toujours le Président en fonction, le seul reconnu par les institutions. Il peut encore tenter toutes sortes de manœuvres pour faire durer le conflit, user l'opposition et l'amener à se diviser. C'est un exercice où il excelle. Mais l'opposition est consciente qu'il lui sera difficile de remobiliser ses troupes si la révolution ne va pas jusqu'au bout. Elle veut pousser son avantage pour imposer un changement définitif. Elle a toujours le soutien de la rue, infatigable malgré le froid, les rhumes et les nuits courtes. L'état-major de Viktor Iouchtchenko exige maintenant une solution rapide, car l'élan des manifestations ne doit pas être brisé. Ceux qui sont restés dehors des jours durant doivent obtenir un résultat concret. Sinon, l'espoir de faire changer les choses sera enterré pour une génération.

Le Parlement, qui a fini par réussir à se réunir, a basculé dans le camp de la révolution orange en votant la défiance au gouvernement. En théorie, cela signifie que Viktor Ianoukovitch est renvoyé du poste de Premier ministre. En pratique, le Président Koutchma doit encore signer le décret de renvoi. Mais il ne le fait pas, usant de son pouvoir de nuisance. Les choses peuvent traîner encore longtemps. Déjà, l'aile radicale de l'opposition donne des signes d'impatience. Julia Timochenko estime que la foule devra passer à l'action si Léonid Koutchma ne cède pas rapidement. Elle parle de le faire « dans les tout prochains jours ». Plus soucieux du consensus, Viktor Iouchtchenko veut encore attendre, espérant toujours une issue par des voies légales. Car la Cour suprême, la plus haute instance judiciaire du pays, a entamé l'examen de la plainte de l'opposition.

Depuis le 29 novembre, une vingtaine de juges vêtus de leur robe violette travaillent du matin au soir, sous l'œil des caméras. Ils écoutent les avocats du plaignant détailler longuement les fraudes constatées le jour du vote, puis les réponses des représentants de Viktor Ianoukovitch, qui tentent sans convaincre d'invalider chaque élément de preuve. La plaidoirie est technique. Les avocats de Viktor Iouchtchenko sont bien préparés. Ils font du droit quand leurs adversaires manient des arguments politiques. La discussion est à leur avantage. L'audience passe en direct à la télévision. C'est un moyen de se protéger voulu par les juges. Ils sont en effet soumis à de fortes pressions. On saura plus tard que quelques-uns d'entre eux ont demandé une protection rapprochée, d'autres ont envoyé leur famille à l'étranger.

La Cour suprême a le pouvoir d'annuler partiellement ou totalement le scrutin. Si elle invalide le résultat des circonscriptions les plus litigieuses, cela donnera automatiquement la victoire à Viktor Iouchtchenko. Elle peut aussi repousser la plainte, ce qui validera le vote. Et Viktor Ianoukovitch aura gagné. Les juges, en somme, ont le pouvoir de désigner le vainqueur. Mais ils auront la sagesse de ne pas user de cette prérogative. Après cinq jours d'audience, ils rendent leur décision le 3 décembre : ils demandent la répétition du deuxième tour dans un délai rapide, au plus tard le 26 décembre. Dans leur jugement, ils constatent que des personnes non autorisées à voter ont été inscrites ; ils relèvent l'intervention de l'administration dans le déroulement du scrutin ; ils observent plusieurs violations de la loi dans l'établissement des procès-verbaux de décompte. Ils en concluent qu'il est « impossible d'établir précisément la volonté des électeurs ». En même temps, ils adressent un relevé des violations au procureur général, en lui demandant d'entamer des poursuites contre leurs auteurs.

C'est un rude coup pour le pouvoir. Avec leurs robes et leurs codes civils, les juges de la Cour suprême achèvent ce que la foule orange avait commencé. Certes, ils n'ont pas donné la victoire à Viktor Iouchtchenko, comme ses avocats le demandaient. Mais ils ont fait preuve d'indépendance en résistant aux pressions. En même temps, leur décision témoigne d'un grand sens politique puisque, en fixant une date butoir pour la tenue du « troisième tour », ils évitent que la crise ne se prolonge et que le pays soit plongé dans le chaos, qui menace déjà le système bancaire. Cette solution correspond à l'option la plus rationnelle évoquée lors des rencontres supervisées par les médiateurs européens. Difficile, en trois semaines, d'organiser un nouveau tour de scrutin dans un pays de 47 millions d'habitants. Mais ce sera fait dans des conditions satisfaisantes, ce qui prouve que l'Ukraine est capable de conduire des élections normales, dès lors qu'il en existe la volonté politique.

Face à cette décision qu'il qualifie de « jugement politique », Viktor Ianoukovitch pourrait déclarer forfait, contester le vote et entrer dans une opposition radicale. Cela ne diminuerait pas les chances de son adversaire. Au contraire, puisqu'il affronterait alors le candidat arrivé troisième au premier tour, soit le socialiste Alexandre Moroz qui s'est désisté pour lui entre les deux tours. Mais cela jetterait une ombre sur le scrutin, enlevant une part de sa légitimité au futur élu. Viktor Ianoukovitch croit-il qu'il peut encore gagner ? Ou bien veut-il gagner du temps ? Il annonce en tout cas qu'il se représente et poursuit sa campagne avec l'intention de « gagner à nouveau », même si Léonid Koutchma laisse entendre à demi-mot qu'il ferait mieux de se retirer. Et il joue le jeu. Il participe même à un débat télévisé avec Viktor Iouchtchenko, une semaine plus tard, dans lequel il tente de se présenter comme un homme neuf, un candidat d'opposition, lui aussi. Soudain devenu humble, il reconnaît ses erreurs passées, s'excuse pour les « dysfonctionnements » du second tour et les mots « trop émotionnels » prononcés contre certains électeurs, ceux qu'un peu plus tôt il traitait de « rats oranges ». Face à lui, Viktor Iouchtchenko, très combatif, assène : « Je vais gagner. Vous avez tout perdu. »

Mais la bataille ne s'arrête pas là. L'opposition exige encore un certain nombre de changements, qui doivent permettre au nouveau scrutin de se dérouler dans des conditions plus équitables : elle veut un renouvellement de la commission électorale, des amendements à la loi électorale et le renvoi du procureur général et du Premier ministre. Il s'agit d'éviter de nouvelles fraudes lors du troisième tour. Tant que l'opposition n'est pas certaine que le vote pourra avoir lieu de façon correcte, elle continue d'occuper la rue, de bloquer le siège de la présidence et du Premier ministre. Les rangs des manifestants se sont un peu éclaircis après la décision de la Cour suprême. Mais un noyau de quelques milliers de personnes est toujours là. Et il suffirait d'un appel pour que la foule des grands jours se retrouve à nouveau sur le pavé de Kiev.

Léonid Koutchma sort sa dernière carte : une réforme constitutionnelle. Dans la Constitution en place, c'est le Président qui a l'essentiel du pouvoir. Une nouvelle Constitution est en discussion depuis plusieurs mois. Elle transfère le vrai pouvoir au Premier ministre, faisant du pays une république parlementaire. La stratégie sous-jacente est claire. Il s'agit de faire adopter cette réforme, puis de laisser élire Viktor Iouchtchenko, tandis que le Premier ministre gouvernera. Or, comme Léonid Koutchma pense pouvoir contrôler la majorité parlementaire, il pourrait très bien, après les élections, devenir lui-même, par exemple, le Premier ministre de Viktor Iouchtchenko et continuer à gouverner...

Pas question pour l'opposition d'accepter cette proposition en l'état. Après de difficiles tractations, un compromis est trouvé. Dans un même vote, le 8 décembre au matin, le Parlement accepte un renouvellement de la commission électorale, adopte la nouvelle loi électorale, limoge le procureur général et adopte la nouvelle Constitution. Avec une seule restriction : elle n'entrera en vigueur qu'au lendemain des législatives suivantes, prévues au printemps 2006. L'opposition a échangé la tenue d'un « troisième tour » propre contre la transformation de l'Ukraine en république parlementaire dans un délai d'un an et demi. Le premier président de l'Ukraine après l'indépendance, Léonid Kravtchouk, parle d'un « vote historique ». Le mot n'est pas trop fort. En une demi-journée, le Parlement a fait plus que durant toute la législature précédente. Il a adopté à une très large majorité (402 voix sur 450) un compromis dans lequel chacun a obtenu quelque chose, et qui évite une issue violente.

Les radicaux de l'opposition, Julia Timochenko en tête, sont déçus. Ils auraient préféré en découdre, et faire payer ensuite le prix de leur défaite à leur adversaire. Mais les modérés sont satisfaits d'un accord qui permet à Léonid Koutchma de sauver la face, et qui rend donc à peu près certain que les élections se dérouleront sans intervention massive de l'administration. Ensuite, l'opposition aura un an et demi pour faire le ménage, c'est-à-dire traduire en justice les fonctionnaires les plus corrompus, démanteler les filières criminelles les plus visibles au sein du ministère de l'Intérieur. C'est peu. Mais ceux qui ont mené une révolution contre Moscou et la mafia de Donetsk sans verser une goutte de sang n'ont plus peur de rien.

D'ailleurs, Vladimir Poutine semble prendre acte que le paysage a changé. Il garde la même virulence pour dénoncer l'intervention occidentale en Ukraine. Il raille ainsi cet « Occident au casque colonial » venu « apprendre les bonnes manières politiques » aux « habitants de deuxième catégorie » de l'Europe centrale. Mais, en même temps, il se dit prêt à travailler avec « n'importe quel président élu » en Ukraine, soulignant qu'il a déjà rencontré Viktor Iouchtchenko lorsqu'il était Premier ministre et que la collaboration avec lui était « bonne ». Il estime même que la Russie n'a « aucune objection » à une éventuelle entrée de l'Ukraine dans l'Union européenne... Le changement de ton est complet par rapport aux semaines précédentes, où Moscou se félicitait de « la victoire convaincante » de Viktor Ianoukovitch.

Au lendemain de ce vote, l'opposition réunit à nouveau ses partisans pour un grand meeting place de l'Indépendance. Viktor Iouchtchenko appelle la foule à rentrer enfin à la maison, tout en restant mobilisée pour assurer la surveillance du nouveau vote. La foule a passé 17 jours et 17 nuits ici sans discontinuer ! Certains soirs, il gelait à pierre fendre. À d'autres moments, on pataugeait dans une neige fondue tournant à la gadoue. Malgré cela, il s'est toujours trouvé suffisamment de gens pour témoigner de leur refus des fraudes. La manifestation se disperse enfin. Mais, sur l'avenue, on refuse de plier les tentes tant que l'élection n'est pas terminée. Viktor Iouchtchenko rédige lui-même un appel aux campeurs de Krechtchiatik, leur demandant de lever l'occupation. Le texte circule sous forme de tract. Mais les campeurs affirment qu'ils veulent rester là jusqu'au bout, que rien ne les fera changer d'avis et que, même si Iouchtchenko leur demande de partir, ils n'ont aucune raison de lui obéir. Il y a dans leur attitude comme un lointain écho de la révolte des Cosaques, ces paysans libres dont certains ont ensuite nourri les rangs de Nestor Makhno, le chef de bande anarchiste ayant conduit la révolte durant la guerre civile qui a suivi 1917.

Le troisième tour de scrutin se déroule comme prévu le dimanche 26 décembre. Bien qu'on soit en pleines fêtes de Noël, l'Organisation pour la sécurité et la coopération en Europe (OSCE) reçoit des milliers de candidatures d'observateurs européens qui veulent venir en Ukraine le jour de l'élection. L'OSCE monte rapidement la plus importante mission qu'elle ait jamais menée. Elle accrédite plus de douze mille observateurs étrangers ! Un record. Cette mobilisation, l'accord politique ayant précédé, la fatigue des électeurs : tout cela fait que les élections se déroulent dans le plus grand calme.

Dès 20 heures se dessine la victoire de Viktor Iouchtchenko. Les sondages réalisés à la sortie des urnes lui donnent entre quinze et vingt points d'avance. Place de l'Indépendance, c'est à nouveau la foule des grands jours. Plusieurs dizaines de milliers de personnes sont rassemblées. Les uns dansent, les autres agitent des drapeaux orange. La joie se mêle au soulagement, à l'impression que la justice triomphe, après des jours de mobilisation. Des voitures hérissées de fanions orange passent en klaxonnant. Des fusées lumineuses éclatent dans le ciel. « Je suis ici depuis un mois et trois jours », raconte Volodymyr, dix-huit ans, étudiant de Tchernovtsi, qui vit dans une des tentes toujours plantées sur l'avenue Krechtchatik. « Ce soir, c'est un sentiment tellement fort… Je ne pensais pas que c'était possible. »

Sur une scène, les groupes de rock succèdent aux discours. On s'enivre de grands mots, ceux qu'on écrit souvent avec une majuscule : Démocratie, Liberté… Une alternance politique contre un régime semi-dictatorial a été menée à bien sans violence et par des moyens légaux, chacun en est conscient. « C'est un point final qui est mis, ce soir, au pouvoir soviétique qui dirigeait toujours ce pays », estime David Nazar, prêtre grec-catholique ukrainien, qui contemple silencieusement la liesse. Léonid, géologue de cinquante-cinq ans, se souvient de tous les soirs où il est venu ici depuis six semaines. Il raconte qu'il a reçu un blâme à son travail pour ses absences. « Je suis un révolutionnaire ayant subi la répression », s'esclaffe-t-il. Sur la scène, le député Mykola Tomenko parle déjà d'« exporter la révolution orange » en Russie et en Biélorussie. Iouri Loutsenko, la voix enrouée, confie qu'il a fêté ses quarante ans la veille et proclame : « Nous nous disperserons, nous aurons des batailles entre nous. Mais nous ne referons plus jamais la même erreur : permettre à des bandits de s'emparer de notre maison. »

À l'état-major de campagne de Viktor Ianoukovitch, l'atmosphère est sinistre. Vers 20 heures, le candidat fait une courte apparition. Il affirme sa volonté de « défendre le droit des électeurs par tous les moyens que permet la loi », puis confie que, s'il est finalement battu, il formera une opposition « sans concessions ». Il n'y aura ensuite quasiment plus aucune déclaration durant la nuit susceptible d'occuper les journalistes qui s'ennuient.

Chez Iouchtchenko, au contraire, on se presse. Plus d'un millier de journalistes attendent l'homme du jour dans son état-major décoré de ballons orange, de photos de la révolution, et où les haut-parleurs diffusent des tubes des rockers ayant chanté place de l'Indépendance. Le candidat est au rez-de-chaussée, dans une petite pièce. La porte s'ouvre et se ferme sans arrêt pour laisser passer l'un ou l'autre des membres de son équipe, écharpe orange au cou. Devant le bâtiment, cinq voitures hérissées de drapeaux bleu et blanc, les couleurs de Ianoukovitch, sont venues klaxonner, suscitant la nervosité des partisans de Viktor Iouchtchenko. Mais l'incident ne dégénère pas.

Il est deux heures du matin quand le vainqueur apparaît à la tribune, fendant la foule, accompagné de sa femme, cheveux blonds dénoués, vêtue d'orange, et de son chef de campagne. Chose inhabituelle dans une conférence de presse, les journalistes ukrainiens applaudissent et scandent son nom. On se croirait dans un meeting. Longtemps silencieux, Viktor Iouchtchenko dit simplement, dès que le silence revient : « C'est fait », déclenchant de nouvelles acclamations. Puis il déclare avec émotion : « Nous étions indépendants, ce soir nous sommes devenus libres. C'est une nouvelle étape politique qui commence. L'époque où l'on mentait, où l'on ne respectait pas la personne humaine devient du passé. Cet instant, des millions d'Ukrainiens en ont rêvé. Et c'est vous qui avez fait cela. » La foule crie : « Slava ! » (gloire).

Il est 2 heures 30 lorsque Viktor Iouchtchenko apparaît place de l'Indépendance, où cinquante mille personnes l'attendent toujours. Il est accueilli sur la scène par Rouslana, la chanteuse ukrainienne qui a remporté quelques mois plus tôt le concours de l'Eurovision, ce qui en fait une gloire nationale. C'est à nouveau un grand moment de fusion avec la foule. Chacun sait que la reconnaissance officielle de la victoire prendra encore du temps, peut-être plusieurs semaines, à cause des manœuvres de retardement possibles de Viktor Ianoukovitch et du pointillisme légaliste de la Cour suprême. Mais c'est la joie. Rouslana offre au futur Président une écharpe orange de vingt-cinq mètres, tricotée par des Polonais en signe de soutien et remise à la chanteuse quelques jours plus tôt, à Varsovie. Viktor Iouchtchenko déroule l'écharpe. Il s'enroule dedans, suivi des membres de son état-major qui saluent ainsi la foule, longue chaîne orange tanguant au rythme de la musique, sous les vivats et les bravos. Saluant une dernière fois, Iouchtchenko demande à ses partisans de rester là jusqu'à la proclamation définitive des résultats. La foule réclame quelques mots de « Julia », qui se tient au second plan. Mais elle résiste à la tentation... Ce soir, c'est seulement le « Président Iouchtchenko » qui doit parler. La consigne est respectée, signe qu'il arrive tout de même à tenir son équipe, dans laquelle une féroce compétition pour le partage des postes a déjà commencé.

La scène s'éteint. Plusieurs centaines de personnes demeurent sur place. Certains, ruban orange au bras, dorment la tête dans les mains, assis à même le trottoir. D'autres restent debout autour de l'écran géant qui diffuse la cinquième chaîne, celle de l'opposition. Il est quatre heures du matin. En direct de la commission électorale, le représentant de Viktor Ianoukovitch, Nestor Choufritch, refuse la défaite et confirme son intention de déposer une plainte. « Peu importe, dit une voix dans la foule, leur temps est terminé. »

Postface
Petit-déjeuner avec un pingouin

Dans la révolution ukrainienne, un certain romantisme voisine avec de sordides calculs. La part la plus visible s'est déroulée dans la rue. C'était aussi la plus joyeuse, la plus festive et la plus pure. En coulisses, cependant, s'agitaient de nombreux personnages qui n'avaient pas les mêmes motivations. Certains étaient d'anciens oligarques brouillés avec le clan Koutchma pour d'obscures raisons. D'autres avaient simplement senti le vent tourner. Quelques-uns avaient apporté leur soutien à l'opposition depuis plusieurs mois et exigent désormais leur récompense. Ils intriguent férocement pour obtenir des postes. D'autres, qui n'avaient pas été aussi rapides, tentent de voler au secours de la victoire. Dans les jours qui suivent l'élection de Viktor Iouchtchenko, on voit ressurgir toute une cohorte de personnages qui s'étaient compromis avec l'ancien pouvoir et qui brandissent désormais l'étendard orange. Ils retournent leur veste plus vite que le célèbre transformiste Arturo Brachetti. C'est le lot de tous les grands bouleversements historiques de s'achever ainsi.

Pourtant, les Ukrainiens ne se bercent pas d'illusions. Ils savent que des temps difficiles sont encore à venir. Le nouveau pouvoir ne bénéficie pas d'un état de grâce. Le sentiment dominant est seulement qu'une catastrophe a été évitée, mais qu'il faut maintenant rattraper le train des réformes déjà passé depuis longtemps en Europe centrale, et que cela sera dur.

Au Parlement, la fraction de Viktor Ianoukovitch est victime d'une hémorragie. Beaucoup de députés abandonnent leur étiquette. Même Viktor Pintchouk accorde quelques entretiens à la presse dans lesquels il indique qu'il « respectera n'importe quel Premier ministre qui sera nommé », posant comme seule exigence que les nouveaux dirigeants ne s'attaquent pas à ses biens. Le gendre de Koutchma assure qu'il veut quitter la politique pour ne plus se consacrer qu'à ses affaires.

L'élan donné par la révolution orange produit tout de même quelques changements rapides. On le mesure dès les premières nominations. Julia Timochenko, la *passionaria* révolutionnaire, devient Premier ministre et demande immédiatement à la justice de vérifier un certain nombre de privatisations. Iouri Loutsenko est nommé ministre de l'Intérieur. Cet ancien journaliste, qui fut l'ami de Gongadze, engage aussitôt la purge au ministère de l'Intérieur. Le premier à être limogé est le lieutenant général Sergueï Popkov, celui qui devait diriger l'assaut du 28 novembre.

Le parquet général se remet au travail. On ressort le dossier Gongadze. À l'époque, sous l'impulsion d'un groupe d'enquêteurs pugnaces, des policiers travaillant au ministère de l'Intérieur avaient été mis en cause. Mais le dossier avait été prestement enterré, et le procureur général renvoyé. Aucune arrestation n'avait eu lieu. Cette fois, deux policiers ayant le grade de général sont arrêtés. L'ancien ministre de l'Intérieur, Iouri Kravtchenko, celui qui se vantait de ses « aigles » devant Koutchma, est convoqué au parquet pour témoigner. Il choisit de se suicider, semble-t-il, à moins qu'il ne s'agisse d'un meurtre déguisé, destiné à éviter qu'il ne témoigne contre Léonid Koutchma.

L'ex-Président, quant à lui, part en cure thermale en République tchèque. Il réapparaît au bout de quelques jours. Avant de laisser sa place, Léonid Koutchma a fait signer un décret lui octroyant une retraite à vie, deux voitures de fonction, quatre chauffeurs, une datcha, deux domestiques, le droit de voyager partout en Ukraine sans payer, la gratuité des soins... D'un trait de plume, Julia Timochenko réduit ces avantages à des proportions plus modestes.

Viktor Ianoukovitch est rentré à Donetsk et prépare la bataille des législatives à venir. Il s'estime en mesure de réunir une nouvelle opposition, même si son crédit politique est entamé. Après l'élection, il a exercé ses droits de recours jusqu'au bout. En multipliant les plaintes, il a retardé l'investiture de Viktor Iouchtchenko de trois semaines. Mais le résultat définitif (52 % contre 44 %) a fini par être validé et le nouveau Président a été investi le 23 janvier 2005.

Dès son entrée en fonction, Viktor Iouchtchenko a mis en œuvre quelques-unes de ses principales promesses : il a engagé le retrait des troupes ukrainiennes stationnées en Irak, réduit le service militaire de vingt-quatre à douze mois, supprimé les visas pour les Occidentaux qui se rendent en Ukraine. Il a surtout annoncé que sa priorité était de conduire l'Ukraine dans l'Union européenne. À Bruxelles, on est moins pressé. Le nouveau Président est bien accueilli, mais on l'invite à mettre en œuvre des réformes avant de poser sa candidature.

Le nouveau chef d'État donne une visibilité nouvelle à l'Ukraine. Il est un invité de marque au forum de Davos, rencontre George W. Bush lorsqu'il vient à Bruxelles mi-février. Le Président américain se rend le lendemain à Bratislava pour rencontrer Vladimir Poutine. Le même jour, dans la capitale slovaque, Bush s'entretient avec les « militants de la liberté ». Ce sont des représentants de toutes les organisations de jeunes des révolutions démocratiques à l'Est. Parmi eux figure Vladislav Kaskiv, le dirigeant de Pora, tout gonflé de fierté. Hier, cet éternel étudiant, ce rebelle hédoniste, rêvait encore d'une révolution peu probable. Le voici désormais en face du Président américain. La roue tourne...

Quant à moi, je profite d'un répit, avant de quitter l'Ukraine, pour demander un entretien à Andreï Kourkov. Auteur de romans qui sont autant de fables sur l'Ukraine d'aujourd'hui, Andreï Kourkov fut gardien de prison à Odessa, auteur de scénarios de cinéma, traducteur de japonais. Il vit au centre de Kiev, près de la cathédrale Sainte-Sophie, dont la tour domine les murs d'un vieux monastère. Mais ses romans, comme *le Pingouin**, ont fait le tour du monde, projetant l'image d'un pays gagné par un chaos que ses personnages traversent avec un humour désabusé. Le pingouin, c'est l'animal mis à la porte du zoo de Kiev en faillite et qu'adopte son héros. L'histoire burlesque et finement menée de leur compagnonnage. Andreï Kourkov est russe, vivant en Ukraine. J'ai

* Édité en France chez Liana Levi.

envie de savoir comment il a vécu cette révolution.

Nous nous retrouvons au pied de la statue de Bogdan Khmelnitsky, ce Cosaque ukrainien qui chevauche pour l'éternité un étalon prêt à bondir. Volubile et gai, Andreï m'entraîne dans un café voisin dont il vante le fait qu'il « n'a pas changé depuis l'époque soviétique »... C'est pour lui un gage de qualité. Le café y est mauvais, l'accueil rugueux, les cuillères sont sales, mais l'ambiance au moins est authentique. Comme tous ceux qui ont eu vingt ans dans les années 1970, il conserve un mélange de fascination et de répulsion pour l'URSS. Dans son français tout récent, il raconte comment il a organisé, dans une librairie de Kiev, un « relais d'écrivains ». Des auteurs se sont relayés nuit et jour, durant une semaine, pour accueillir le public. « Nous offrions du thé, des sandwichs. Ce qui est amusant, c'est qu'au bout de quelques jours nous avons vu arriver la police fiscale. Elle venait vérifier que nous ne vendions pas des livres sans payer les taxes... »

Andreï Kourkov a été sollicité pour s'exprimer place de l'Indépendance. « Mais j'ai refusé. Je veux rester libre de critiquer le nouveau pouvoir après sa victoire. Les écrivains doivent rester dans l'opposition », dit-il. Ayant choisi d'écrire en russe, n'hésitant pas à se moquer des nationalistes ukrainiens dans ses livres, a-t-il ressenti une poussée de fièvre anti-russe durant la révolution ? « Pas du tout. C'est avec la participation de la Russie que ce mouvement apparaît comme anti-russe. C'est stupide. Dans toutes les grandes villes d'Ukraine, il existe une population russophone, ce qui ne veut pas dire pro-russe. Je parle russe et je suis citoyen de l'Ukraine. Et je veux vivre dans un pays civilisé. Or l'Ukraine est aujourd'hui plus démocratique que la Russie. » Il insiste : « La question de la langue n'est pas un problème. Elle en a été un. Il y a cinq ans, j'ai été attaqué dans la presse ukrainienne parce que j'écris mes livres en russe. Mais cette période est terminée. Aujourd'hui, tout le monde accepte, ici, le fait que la culture ukrainienne ne soit pas seulement ukrainophone. » Quant à la Russie, il est persuadé qu'elle « comprendra que les Russes qui vivent en Ukraine ne doivent pas être des patriotes russes mais ukrainiens ».

Revenant sur la révolution orange, Andreï Kourkov s'amuse du rôle joué par la jeune génération : « Ces jeunes ne savent rien de la période soviétique. À l'époque, nous étions un grand animal collectif. Eux n'ont pas peur. Ils constituent une armée d'individualistes. Ils ont fait une sorte de disco-révolution. C'était un événement joli, gai. »

L'air est toujours glacé, mais un large soleil entre par les baies vitrées. La serveuse, trop maquillée, serrée dans son tablier bleu, est sortie sur le seuil pour fumer une cigarette, indifférente à nos appels. Elle est en pleine conversation sur son portable. Elle parle à son mari ou à son fils, criant presque, pour lui dire qu'il y a des pommes pour lui dans le réfrigérateur. Andreï Kourkov croit-il que la révolution ukrainienne peut avoir des répercussions en Russie, qu'une telle révolte démocratique se déroulera bientôt à Moscou ? « Je n'y crois pas. La Russie est un trop grand pays, qui a toujours été porté vers la monarchie. Puis vers la "démocrature". » A-t-il raison ? La présidentielle, en Russie, est prévue pour 2008.

Chronologie

6 septembre 2004. En pleine campagne présidentielle, le principal candidat d'opposition, Viktor Iouchtchenko, tombe subitement malade. Après quelques jours d'hospitalisation, il réapparaît défiguré et affirme qu'on a tenté de l'empoisonner pour l'empêcher de se présenter.

31 octobre. Premier tour de l'élection présidentielle. Viktor Iouchtchenko obtient 39,87 % des voix et Viktor Ianoukovitch 39,32 %.

21 novembre. Second tour de la présidentielle. Les sondages à la sortie des urnes donnent la victoire à Viktor Iouchtchenko, mais les premiers décomptes accordent trois points d'avance à Viktor Ianoukovitch. Le soir même, l'opposition dénonce les fraudes sur la place de l'Indépendance, à Kiev.

22 novembre. Les observateurs de l'Organisation pour la sécurité et la coopération en Europe (OSCE) relèvent de multiples fraudes. Des tentes s'installent sur la place de l'Indépendance, où la foule est de plus en plus importante. Les conseils municipaux de Kiev, Lviv, Ternopil et Ivano-Frankivsk votent leur soutien au candidat d'opposition.

23 novembre. Les élus pro-Koutchma désertent les bancs du Parlement. Viktor Iouchtchenko prête serment dans l'hémicycle rempli de députés de l'opposition. Julia Timochenko conduit une marche vers l'administration présidentielle. Léonid Koutchma appelle à résoudre le conflit par la négociation.

24 novembre. La commission électorale centrale proclame la victoire de Viktor Ianoukovitch. L'opposition appelle à la grève générale. Léonid Koutchma accuse l'opposition de préparer un coup d'État.

25 novembre. La Cour suprême bloque la publication des résultats officiels, acceptant d'examiner la plainte de l'opposition. Le Président polonais servira de médiateur. Au sommet Union européenne-Russie, l'élection ukrainienne est le principal sujet de désaccord. L'UE rejette le résultat officiel, tandis que la Russie le qualifie de « transparent ». Les États-Unis, le Canada et la Grande-Bretagne ont déjà critiqué le scrutin. En Ukraine, les télévisions montrent pour la première fois la manifestation de la place de l'Indépendance, cédant aux demandes de journalistes en grève.

26 novembre. À Kiev, la foule entame le blocus de l'administration présidentielle et du cabinet des ministres. À Donetsk, lors d'un meeting pro-Ianoukovitch, les orateurs demandent un statut d'autonomie pour leur région. La première rencontre entre Iouchtchenko et Ianoukovitch depuis le vote, en présence de médiateurs internationaux, débouche sur l'idée d'organiser un nouveau second tour.

27 novembre. Le Parlement vote une motion de défiance contre la commission électorale centrale et reconnaît les fraudes. Les partisans de Viktor Ianoukovitch manifestent à Kiev.

28 novembre. Julia Timochenko lance un ultimatum donnant vingt-quatre heures à Léonid Koutchma pour limoger le Premier ministre. À Severodonetsk, dans l'Est de l'Ukraine, un congrès de 3 500 élus locaux menace de créer une république du Sud-Est dotée d'un statut d'autonomie. À Kiev, Léonid Koutchma demande la fin du blocus de l'administration présidentielle. Il réunit son conseil de sécurité. Le soir, les forces spéciales de la police reçoivent l'ordre d'intervenir, avant que l'état d'alerte soit subitement levé.

29 novembre. Léonid Koutchma condamne le séparatisme. Le directeur de campagne de Viktor Ianoukovitch démissionne. La Cour suprême commence à examiner la plainte de l'opposition.

30 novembre. Début de panique bancaire à Kiev. Léonid Koutchma accepte un nouveau vote mais semble vouloir recommencer toute l'élection depuis le début. Le blocus des bâtiments gouvernementaux est levé durant quelques heures, puis reprend.

1er décembre. Les médiateurs internationaux sont de retour à Kiev et tiennent une réunion avec Viktor Iouchtchenko et Viktor Ianoukovitch. Le Parlement échoue à voter la défiance contre le gouvernement. Il est en partie envahi par la foule qui manifeste à l'extérieur. Viktor Iouchtchenko sort pour retenir les manifestants, leur demandant de ne pas céder à la provocation.

2 décembre. Léonid Koutchma fait un voyage éclair à Moscou, où il rencontre Vladimir Poutine. Le Parlement vote la défiance contre le chef du gouvernement, Viktor Ianoukovitch.

3 décembre. Léonid Koutchma refuse de renvoyer le chef du gouvernement. La Cour suprême rend sa décision : elle demande la répétition du second tour dans les trois semaines.

4 décembre. Viktor Ianoukovitch, tout en dénonçant une décision politique, accepte de faire campagne pour le « troisième tour ».

5 décembre. Julia Timochenko assure que l'opposition a proposé des garanties personnelles de sécurité à Koutchma pour le jour où il quittera le pouvoir. Léonid Koutchma comme Iouchtchenko démentiront plus tard cette affirmation.

6 décembre. Les médiateurs européens sont de retour à Kiev pour une nouvelle réunion.

8 décembre. Le Parlement adopte une modification de la constitution, change la composition de la commission électorale, adopte des amendements à la loi électorale, renvoie le procureur général, toutes mesures qui sont le résultat d'un compromis négocié entre Léonid Koutchma et l'opposition et vont permettre au nouveau vote de se dérouler dans de meilleures conditions. Le soir même, Viktor Iouchtchenko demande aux manifestants de rentrer chez eux tout en restant mobilisés en vue du nouveau vote. Le village de tentes, cependant, demeure sur l'avenue Krechtchiatik.

11 décembre. Un nouvel examen médical de Viktor Iouchtchenko confirme qu'il a bien été victime d'un empoisonnement à la dioxine.

26 décembre. Le troisième vote se déroule dans le calme. Le résultat officiel annonce la victoire de Viktor Iouchtchenko avec 51,99 % des voies contre 44,19 %. Son adversaire conteste ce résultat et exerce tous les droits de recours.

20 janvier 2005. La Cour suprême rejette la dernière plainte de Viktor Ianoukovitch.

23 janvier. Viktor Iouchtchenko prête serment comme président d'Ukraine devant le Parlement puis sur la place de l'Indépendance.

Les principaux acteurs de la révolution orange

Rinat Akhmetov. Considéré comme l'homme le plus riche d'Ukraine, il est, à trente-huit ans, le très discret chef du « clan de Donetsk », ce groupe d'oligarques qui ont pris le contrôle de l'ensemble des usines du Donbass, la région la plus industrialisée du pays. Il finance largement le candidat pro-pouvoir Viktor Ianoukovitch, qu'il a contribué à faire nommer au poste de Premier ministre. Sa fortune se monte à deux milliards de dollars selon le magazine *Forbes*. Il possède de nombreuses usines métallurgiques, des mines à charbon, et le club de football de Donetsk, le Shakhtior. Il n'apparaît que rarement en public, sauf pour aller voir jouer son club.

Mykola Azarov. Homme du clan de Donetsk travaillant auprès du Président Koutchma, il fut chef de l'administration fiscale avant de devenir vice-Premier ministre du gouvernement de Viktor Ianoukovitch. Il a exercé l'intérim lorsque le Premier ministre s'est mis en congé du gouvernement pour mener sa campagne en vue du troisième tour. Souple, rusé, adaptable, Mykola Azarov a tenté de conserver sa place dans le gouvernement issu de la révolution, se présentant comme l'homme d'un compromis. Sans succès. Il garde cependant toutes les chances de refaire rapidement surface.

Gueorgui Gongadze. Journaliste assassiné en septembre 2001, à l'âge de trente et un ans. Son nom est devenu l'un des symboles de la protestation contre Léonid Koutchma. L'enquête a en effet démontré que des policiers du ministère de l'Intérieur étaient liés à l'assassinat, avant que les recherches ne soient interrompues. Né d'un père géorgien et d'une mère ukrainienne, Gueorgui Gongadze dirigeait le site Internet *Ukraïnska Pravda*, où il dénonçait la corruption des proches du pouvoir. Des écoutes réalisées dans le bureau du Président auraient ensuite indiqué la responsabilité personnelle de Léonid Koutchma dans cet assassinat.

Viktor Ianoukovitch. Premier ministre, âgé de cinquante-quatre ans, il est le candidat soutenu par le pouvoir lors de la présidentielle ukrainienne. Il fait campagne sur un programme de rapprochement de l'Ukraine avec la Russie et l'appui du clan de Donetsk, la grande ville de l'Est dont il est originaire. Orphelin très jeune, il est passé par la prison avant de devenir ouvrier puis directeur d'une société de transport routier. Il a été gouverneur de la région de Donetsk à partir de 1997 puis chef du gouvernement à partir de 2002. Il dirige le parti des régions. Il affirme aujourd'hui vouloir redevenir député et prendre la tête de l'opposition.

Viktor Iouchtchenko. Ex-Premier ministre ayant créé la coalition Notre Ukraine, cet ancien banquier central âgé de cinquante ans fut le candidat d'opposition lors de la présidentielle. Économiste de formation, fils d'enseignant de la région de Soumy, il a dirigé la banque nationale entre 1993 et 1999 puis fut Premier ministre de 1999 à 2001. Il a fait campagne sur un projet visant à rapprocher l'Ukraine de l'Union européenne, se voulant le gardien des intérêts du pays, en particulier face à la Russie. Il est devenu le Président à l'issu de la révolution orange.

Léonid Koutchma. Élu président de l'Ukraine en 1994, cet ancien dirigeant d'une grande usine militaire, à Dniepropetrovsk, a mis en place en Ukraine un régime semi-autoritaire et corrompu, tout au long de ses dix années de pouvoir. Âgé de soixante-six ans, il avait choisi de ne pas se représenter en 2004, apportant son soutien à son Premier ministre Viktor Ianoukovitch. Né dans un kolkhoze de la région de Tchernigiv, il a fait partie de ces communistes ayant soutenu l'indépendance de l'Ukraine en 1991, afin de rester en place. Devenu Premier ministre, puis Président, il s'est surtout efforcé de jouer de l'opposition entre les différents clans pour rester au pouvoir. Il a pris sa retraite politique au lendemain de la révolution et dirige une fondation qui porte son nom.

Iouri Kravtchenko. Ministre de l'Intérieur au temps de l'affaire Gongadze, il était un fidèle du Président Koutchma. Les enregistrements réalisés dans le bureau présidentiel et des éléments de l'enquête le désignent comme l'un des principaux responsables de la mort du journaliste. Écarté du ministère de l'Intérieur par Léonid Koutchma lorsque la pression européenne est devenue trop forte, il avait été nommé gouverneur de région puis recasé à la tête de la très redoutée administration fiscale. Au lendemain de la révolution, il a été convoqué par le parquet général pour s'expliquer sur l'affaire Gongadze. Le matin de l'audition, on l'a retrouvé mort chez lui. Il avait deux balles dans le crâne. Mais l'enquête a pourtant maintenu la version du suicide.

Volodymir Lytvine. Président du Parlement, il joue plutôt le rôle d'un conciliateur au moment de la révolution orange. Mais cet ancien chef de l'administration présidentielle était auparavant un fidèle de Léonid Koutchma. Historien de formation, il fut accusé d'avoir plagié les articles d'un historien américain. Au lendemain de la révolution, il a conservé sa place à la tête du Parlement alors que les prochaines législatives sont prévues pour 2006.

Iouri Loutsenko. Cet ex-journaliste de trente-neuf ans fut l'un des animateurs de la révolution orange. Membre du parti socialiste, proche d'Alexandre Moroz, il a co-dirigé les manifestations contre Léonid Koutchma au moment de l'affaire Gongadze. Il fut ensuite un des organisateurs de la révolution, apportant son expérience de ce premier mouvement de contestation. Radical dans ses objectifs, changer le pouvoir et combattre la corruption, il est aussi pragmatique dans les moyens pour y arriver. Il a été nommé ministre de l'Intérieur au lendemain de la révolution, un poste particulièrement sensible dans la mesure où ce ministère s'était le plus compromis dans les sales affaires de l'ère Koutchma.

Viktor Medvedtchouk. Avocat de formation, âgé de cinquante ans, le chef de l'administration présidentielle est le maître de toutes les intrigues politiques de la fin du mandat de Léonid Koutchma. Il dirige le parti social-démocrate réuni SDPU(o) qui est l'une des plus importantes factions pro-présidentielles au Parlement. Il contrôle trois chaînes de télévision, YT-I, la chaîne publique, et les chaîne privées Inter et I+I. Il est fortement opposé au rapprochement de l'Ukraine avec l'Union européenne. Après son arrivée à la tête de l'administration présidentielle, le contrôle sur les médias s'est accru, tandis que des instructions écrites ont commencé à circuler. C'est pourquoi beaucoup pensent qu'il en fut l'auteur. Depuis la révolution, il veut revenir au Parlement et s'affirmer comme un des principaux chefs de l'opposition.

Alexandre Moroz. Éternel chef du parti socialiste ukrainien, soixante ans, il fut candidat à la présidentielle. Il est arrivé en troisième position, loin derrière les deux principaux candidats puisqu'il a rassemblé un peu plus de 5 % des voix. Il a rejoint la coalition d'opposition entre les deux tours. Ancien président du Parlement de 1995 à 1998, il bénéficie d'une réputation d'honêteté. Il fut le premier, au moment de l'affaire Gongadze, à révéler l'existence des écoutes et leur contenu.

Gleb Pavlovski. Politologue russe, ce conseiller régulier du Kremlin fut envoyé en Ukraine durant toute la campagne électorale pour y aider Viktor Ianoukovitch. Sans grand succès. Ancien dissident de l'époque soviétique, il s'est taillé une réputation de magicien de la chose politique, en 1996, en orchestrant la réélection de Boris Eltsine, pourtant au plus bas dans les sondages quelques mois plus tôt. Il a continué a travailler pour Vladimir Poutine après 2000.

Viktor Pintchouk. Député siégeant au sein de la faction « l'Ukraine travailliste », ce milliardaire de quarante-trois ans est surtout le gendre du Président Koutchma. Il a employé une bonne part de son immense fortune et de son influence pour améliorer l'image de son beau-père. Originaire de Dniepropetrovsk, il possède le groupe Interpipe, qui réunit de multiples usines sidérurgiques et de construction mécanique. Il est propriétaire de trois chaînes de télévision nationales privées : ICTV, STB et Novy Kanal. Peu avant la présidentielle, il a réussi à faire venir en Ukraine Henry Kissinger, puis George Bush père. Depuis la révolution, il dit qu'il se consacre à ses affaires et affirme ne plus vouloir jouer de rôle politique.

Petro Porochenko. Député de l'opposition âgé de trente-neuf ans au moment de la révolution, il est un membre influent de l'état-major de campagne de Viktor Iouchtchenko. Ce riche entrepreneur a fait fortune en reprenant plusieurs confiseries, ce qui lui vaut son surnom de « roi du chocolat ». Il fut membre des partis pro-pouvoir, le SDPU(o), puis le Parti des régions, avant de rejoindre l'opposition et le bloc Notre Ukraine. Il finance alors la création de la chaîne de télévision TV5, la seule a prendre parti pour l'opposition quand toutes les autres chaînes nationales sont favorables au pouvoir. Après la révolution, il a été nommé chef du Conseil de sécurité et de défense.

Oleg Rybatchouk. Député de Notre Ukraine, âgé de quarante-huit ans, il fut l'un des proches conseillers de Viktor Iouchtchenko au sein de son état-major de campagne. Après la révolution, cet ancien banquier a été nommé vice-Premier ministre en charge de l'intégration européenne.

Mykola Tomenko. Énergique porte-parole de Viktor Iouchtchenko durant la révolution, âgé de quarante-deux ans, ce député fait partie des représentants de la nouvelle génération politique révélés par la révolution. Historien, ancien *komsomol* (membre des jeunesses communistes), il a créé un cabinet de sondages avant d'entrer véritablement en politique au sein du parti de l'ordre et des réformes (PRP, droite). Il fut à la tête de la commission pour la liberté de la presse au Parlement. Il a été nommé vice-Premier ministre pour les questions humanitaires dans le gouvernement issu de la révolution.

Sergueï Tigipko. Jeune président de la banque centrale, âgé de quarante-trois ans, il a dirigé la campagne de Viktor Ianoukovitch pour la présidentielle. En désaccord avec lui, il a démissionné avec fracas le 29 novembre au matin. Il prend acte dès ce moment de la probable victoire de Viktor Iouchtchenko à l'issue de la révolution et annonce son intention de prendre la tête de l'opposition à reconstruire. Ce politicien ambitieux et agile fut un membre dirigeant de la jeunesse communiste au moment de l'indépendance ukrainienne. Il fait partie de cette génération qui s'est enrichie à la faveur des premières privatisations. Il a dirigé la Privat Bank à Dniepropetrovsk, devenue l'une des banques les plus importantes d'Ukraine.

Julia Timochenko. Ancienne dirigeante d'une société vendant du gaz, âgée de quarante-quatre ans, elle fut l'égérie de la révolution orange, adversaire inflexible de Léonid Koutchma. Dirigeante d'un bloc qui porte son nom au Parlement, elle fut vice-Premier ministre du gouvernement de Viktor Iouchtchenko, chargée des questions énergétiques. Elle fut plusieurs fois accusée de corruption, et la Russie avait émis un mandat d'arrêt contre elle. En février-mars 2001, elle a même passé quarante-deux jours en prison. Démon politique au visage d'ange, elle a fait alliance avec Notre Ukraine avant la présidentielle. En janvier 2005, l'une des premières décisions de Viktor Iouchtchenko fut de lui confier le poste de Premier ministre.

Alexander Zintchenko. Le directeur de campagne de Viktor Iouchtchenko, âgé de quarante-sept ans, s'est montré un des adversaires les plus acharnés de Viktor Ianoukovitch. Il connaissait les rouages du pouvoir pour avoir été l'un des membres importants du clan Koutchma. Vice-président du Parlement, il fut membre du SDPU et propriétaire de la chaine de télévision Inter avant d'en être dépossédé par Viktor Medvetchouk. Il choisit alors de rejoindre l'opposition. Depuis la révolution, il remplace Viktor Medvetchouk en tant que nouveau chef de l'administration présidentielle.

Quelques livres traitant de l'Ukraine

JOUKOVSKY, Arcady, *Histoire de l'Ukraine*, éditions du Dauphin, 1993.

LAROUSSILHE, Olivier de, *L'Ukraine*, PUF, Que sais-je ?, 1998.

SOKOLOFF, Georges (présentés par), *1933, L'Année noire, témoignages sur la famine en Ukraine*, Albin Michel, 2001.

TINGUY, Anne de (sous la direction de), *L'Ukraine, nouvel acteur du jeu international*, Brylant, 2001.

Remerciements

Les personnes qui ont contribué à faire de ce récit ce qu'il est sont trop nombreuses pour être toutes citées ici. Cependant, je veux dire toute mon amitié aux membres de l'Institut des mass-médias, à Kiev, et particulièrement à Sergueï Taran, Natacha Nilova et Anna Ognianik, qui ont toujours été là quand il le fallait. Merci également à Myroslava Gongadze, à Maria Malentchouk, à Laurent d'Ersu, à Valerie Desplas, à Annie Daubenton et à Cyril Horiszny, qui ont nourri ces pages de leurs conseils. Merci surtout à Alla Lazareva, qui a soutenu ce travail de toutes les façons possibles, et sans qui il ne serait pas.

а ділом!
Так!

Direction artistique et design graphique Labomatic, Paris
Imprimé par IPM Printing, Bruxelles, Belgique
Dépôt légal mai 2005